Geführte Meditationen • Halina Kamm

Geführte Meditationen

Halina Kamm

Corona Verlag
Hamburg

Erste Auflage 1996
Fünfte Auflage 2006

ISBN 10: 3-928084-23-2
ISBN 13: 978-3-928084-23-9

© Copyright 1996 by Corona Verlag, Hamburg
Alle Rechte vorbehalten
Coverillustration: Peter, Hüttner
Satz und Layout: CORONA, Hamburg
a product of: Larimar Multi Media
Printed in Germany

Corona Verlag • Postfach 260 765 • 22052 Hamburg
www.coronaverlag.de • Email: Corona-Hamburg@t-online.de

Inhalt

*Mein Dank geht an all die Seminar- und Gruppen-
teilnehmer, die mich baten und dazu anregten meine
geführten Meditationen als Buch zu veröffentlichen. Des-
gleichen bedanke ich mich bei meinen geistigen Helfern
für ihre wundervolle Begleitung und auch für den göttlich
intuitiven Sprach- und Energiefluss, der sich in Schrift und
Wort ausdrückt.*

Vorwort

»Das Leben könnte so schön sein«, sagen viele Menschen, »wenn mir nur die anderen nicht so viele Steine in den Weg legen würden, wenn ich frei wäre, wenn ich die Schwiegermutter nicht hätte, wenn nicht all die vielen kleinen und großen Probleme wären, wenn …«.

Gegen alle diese Schwierigkeiten und Problematiken können wir im *reinen Außen* herzlich wenig unternehmen, um sie dauerhaft und beständig zu lösen. Auch besitzen wir weder das Recht, noch haben die Pflicht, andere Menschen zu verändern, denn das wäre mit Manipulation und Machtmissbrauch vergleichbar. Jedoch sind wir dazu verpflichtet, einen sauberen, klaren und glücklichen Lebensweg anzustreben, der wiederum für alle Menschen möglich ist.

Um diesen zu erlangen und zu leben, gilt es, unsere Sicht der Dinge *in uns* zu verändern. Dazu bieten sich verschiedene Methoden an, wie der feste Glaube an Gott, Religionszugehörigkeit, Seminare, Gruppenarbeiten, Therapien, vor allem Arbeit an sich selbst und um die Bewusstmachung des eigenen göttlichen Potentials, der Liebe, Kraft und Stärke.

Meditation eignet sich gut zur Bewusstwerdung und Lösung von Blockaden und Barrieren, fördert Heilungsprozesse und trägt auch zur Gesundung des Körpers bei. Die bildhaft geführte Meditation hat den besonderen Vorteil, über die tiefe Entspannung, in der Sie sich befinden, Ihre eigenen Bilder und Geschehnisse zu erleben und die negativen Emotionen zu bereinigen. Gleichzeitig wird dadurch der Körper von seiner Verspannung und Verkrampfung befreit und regeneriert. Die Aura reinigt sich, wird heller und lichter, und ist daher leichter durchlässig für höhere und feinere Schwingungen. Dies trägt unter anderem dazu bei, dass Ihre Intuition sich stärker entwickelt oder wie es im Volksmund genannt wird: »Das sagt mein Bauch, das hab' ich im Gefühl«.

Meditation hilft Ihnen vom stressgeplagten Alltag abzuschalten, Ihre Gedanken zu ordnen oder auch um leer und daher empfänglich für gute Ideen zu werden. Sie finden dabei Ihre innere Quelle der Kraft und Stärke.

Als Seminarleiterin in Persönlichkeitsentwicklung und auch als Autorin möchte ich mir den Hinweis erlauben, dass Meditation nicht alle Ihre Probleme löst. Nehmen wir ein Beispiel unter dem Stichwort Eifersucht: Angenommen, eine Frau liebt ihren Lebenspartner sehr. Dieser Mann betrügt sie regelmäßig, bleibt jedoch weiterhin mit ihr zusammen, da zwei Kinder vorhanden sind und ein gemeinsames Haus gebaut wurde.

Unsere Musterfrau weiß davon und leidet sehr darunter. Mittlerweile hat sie starke Verlustängste entwickelt. Ihr Selbstwertgefühl ist auf der Emotionsskala in die Nähe des Nullpunktes gesunken. Eine Zeit lang versucht sie mit allen ihr zur Verfügung stehenden Mitteln, den Mann wieder ganz zu gewinnen. Vergeblich!

Inzwischen schwankt sie zwischen Hass, Ekel, Verachtung, Abscheu, Selbstmitleid und weiteren ähnlichen selbstzerstörerischen Gefühlen hin und her.

Solche immer wiederkehrenden reaktivierten Muster sind nicht durch eigene Meditationsarbeiten lösbar und können daher auch nicht vollkommen bereinigt werden. Sie können nur teilweise und vorübergehend gemildert werden, jedoch sind sie nicht behoben, da es immer wieder einen neuen Morgen mit den gleichen Mustern gibt.

Für diese und ähnlich gelagerte schwere Fälle ist dringend eine Therapie oder Gruppenarbeit mit kompetenten Leitern angesagt. Danach sind Meditationsarbeiten mit sich selbst die reinsten Wunderwerkzeuge.

Bitte werden Sie sich klar, für welche Zwecke Sie die Meditationen einsetzen wollen. Sie werden beim Lesen schnell erkennen, dass jedes Kapitel einzelne, unterschiedliche Themen enthält – je nachdem ob Sie sich gestresst oder krank fühlen, oder ob Sie Ihr inneres Kind oder Ihre Intuition stärken wollen: finden Sie heraus, welche Meditation Ihnen am besten tut und bei welcher Sie sich am wohlsten fühlen! Sie können Sie als Entspannung oder als Problemlösung benutzen. Doch halten Sie es hier wie mit allen besonderen Dingen: sorgen Sie für Abwechslung. Hören oder sprechen Sie Ihre Lieblingsmeditation nicht zehnmal hintereinander, sonst haben Sie Ihr besonders schönes Erlebnis immerzu. Dadurch wird es schal und verliert seine Kraft und Stärke.

Sie werden im Text viele Unterbrechungen mit den Worten: »Lass dir Zeit …« und viele Absätze finden. Bitte nehmen Sie sich in der Tat die Zeit, manchmal einige Minuten. Lassen Sie die Bilder fließen, lassen Sie es geschehen, es sich entwickeln. Sprechen oder lesen Sie diese Texte ganz langsam. Fühlen Sie sie, schmecken Sie sie und genießen Sie. Lassen Sie sich Zeit …

Benutzen Sie die geistigen Hilfen, die Ihnen in diesen Arbeiten angeboten werden. Es sei Ihnen gewiss, dass Ihre geistigen Helfer auch Ihnen zur Seite stehen, Sie behüten,

beschützen, Sie führen und leiten. Dabei ist es völlig gleichgültig, ob Sie es glauben oder nicht. Doch machen Sie
selbst den Test, indem Sie Ihren Schutzengel um eine kleine Gefälligkeit bitten. Lassen Sie sich überraschen, was
passiert. Vergessen Sie nicht danke zu sagen, auch ohne
besonderen Anlass.

Die letzten drei Arbeiten des Buches eignen sich besonders gut für die Bewusstwerdung des gesamten Kraft-
potentials im Menschen und um unsere Welt wie mit stau-
nenden Kinderaugen neu und schön zu erleben.

Lesen Sie bewusst langsam und laut. Halten Sie nach
jedem Satz kurz an. Lassen Sie jedes Wort auf der Zunge
zergehen und reflektieren Sie die Worte. Bedenken Sie: Sie
sind das ICH-BIN!

Ich bin Liebe
   Ich bin Kraft
      Ich bin Stärke

Legende des Regenbogen

Diese Energiemeditation dient der Reinigung und Harmonisierung Ihres Körpers und auch der Bewusstwerdung Ihres von Ihnen geschaffenen Gedankengutes.

Mach' es dir bequem, setze oder lege dich hin, sei völlig entspannt, ganz entspannt, ruckel' dich noch ein bisschen zurecht, schließe die Augen und schalte ab. Deine Gedanken bewegen sich wie kleine weiße Wölkchen, die einfach vorbeiziehen. Du brauchst sie nicht zu beachten. Du brauchst sie nicht zu werten, denn du machst jetzt deine Reise.

Die liebevolle Energie deines höheren Selbst hilft dir besser auf die verschiedenen Ebenen zu gelangen. Du spürst jetzt diese Energie an der Stirn, an den Schläfen und am Hinterkopf. Sie fühlt sich sanft, warm und leicht prickelnd an. Du fühlst, wie die Energie fließt. Und mit diesem herrlich leichten Fluss der Energie fließt alles Schwere aus deinem Körper heraus – alles Schwere fließt heraus.

Alles, was geschieht, ist gut. Du musst nichts wollen. Du musst nichts sollen, lass geschehen. Die Energie fließt von deinem Kopfbereich durch deinen Brustbereich und es wird angenehm und wohlig warm. Und sie fließt weiter durch deine Arme und in den Bauchbereich. Alles fühlt sich angenehm und warm an. Die Energie fließt und du verspürst überall ein wohliges Kribbeln. Dein Körper ist entspannt und völlig entspannt empfindest du dein Sein. Und alle Geräusche, die du hörst, verstärken nur noch deine Entspannung.

Du sinkst tiefer und tiefer und dabei entspannst du dich

immer mehr und immer besser. Raum und Zeit sind aufgehoben und du sinkst einfach tiefer, während sich dein Körper immer mehr entspannt.

Die Energie breitet sich im Beckenbereich aus und strömt durch deine Oberschenkel in die Unterschenkel und durch die Füße in den Boden hinein. Damit ist der Kreislauf geschlossen. Dein Körper ist in völliger Entspannung und du bist eingehüllt in ein stabiles Feld aus Energie. Raum und Zeit sind aufgehoben. Du hörst meine Stimme und achtest darauf. Zur Vertiefung deiner Entspannung werde ich diese besondere Zählmethode anwenden:

Du befindest dich jetzt an einer Treppe mit sechs Stufen, die nach unten führen. Du stehst jetzt auf der obersten Stufe mit der Zahl sechs und du gehst tiefer hinunter auf die fünf.

Raum und Zeit sind aufgehoben und alles, was geschieht, ist gut. Du musst nichts wollen, du musst nichts sollen. Alles, was geschieht, ist gut.

Und du trittst hinunter auf die vier. Du gehst tiefer und tiefer auf die drei. Du sinkst noch tiefer und das Energiefeld ist stabil. Raum und Zeit sind aufgehoben. Dein Körper ist in völliger Entspannung und du sinkst tiefer auf die zwei.

Du hörst meine Stimme und du achtest auf die Stimme. Du läßt dich führen und leiten, denn alles, was geschieht, ist gut. Du musst nichts wollen. Du musst nichts sollen. Was kommt, ist gut. Und du sinkst tiefer und tiefer auf die Stufe eins.

Lass dir Zeit ... alles, was geschieht, ist gut ...

Du befindest dich jetzt im zeitlosen Raum und bist ganz

tief unten. Dein Körper ist völlig entspannt, leicht und schwer zugleich, und du gehst weiter auf deiner Reise.

Du siehst vor dir einen Weg. Es kann eine Straße sein, die asphaltiert ist. Es kann auch ein Waldweg oder ein Feldweg sein. Diesen Weg gehst du entlang und du erblickst in der Ferne riesige Berge. Geh weiter den Weg entlang, während die Landschaft ihr Gesicht verändert. Sieh die Kornfelder, das kahle Land, die vielen Steine und die vielen Facetten, welche die Natur zu bieten hat.

Während du den Weg entlanggehst, siehst du die Berge immer näher rücken. Die Sonne strahlt, warm und angenehm. Du genießt ihre Energie, denn sie spendet dir Lebenskraft. Die Sonne, das Symbol für Energie, für Licht.

Das Licht der Heilung. Das Licht des Wachstums. Das Licht der Gesundheit. Das Licht der Harmonie. Das Licht des Friedens und das Licht der Liebe.

Und nun, da Zeit und Raum aufgehoben sind, bist du bei den Bergen und gehst langsam den gewundenen Pfad hinauf. Geh Schritt für Schritt und atme die immer klarer und reiner werdende Bergluft ein. Du spürst, wie du immer leichter und freier wirst. Immer leichter fällt dir der Aufstieg, und auf halber Höhe gelangst du zu einem sehr klaren See. Du bleibst stehen und atmest tief ein.

Lass dir Zeit ... alles, was geschieht, ist gut ...

Du siehst hinauf zu dem großen Felsen, von dem der Wasserfall in die Tiefe rauscht. Du weißt, dieser Wasserfall entstammt einer Quelle – einer Quelle, die irgendwo in den oberen Regionen liegt.

Rasch entledigst du dich deiner Kleidung und springst in diesen See und schwimmst mit kräftigen Stößen. Du kannst auf dieser Ebene immer schwimmen. Und wenn du Grund unter deinen Füßen haben möchtest, so wirst du diesen Grund auch spüren.

Du bist in dem Wasser und du genießt es. Es ist weiß und mit ganz hellem Blau durchzogen. Es schimmert und wenn du an den Felsen hochsiehst, direkt in diesen Wasserfall hinein, dann erkennst du die Regenbogenfarben. Der Regenbogen mit seinen Farben wird vor deinem Auge sichtbar.

Dieser Regenbogen ist etwas ganz Besonderes, denn er hat alle deine Wünsche gespeichert, die du für dich gerne manifestieren möchtest. Dieser Regenbogen – er umspannt die zwei Horizonte. Er berührt den Himmel und er berührt die Erde. Und die alte Legende sagt: »Da, wo der Regenbogen die Erde oder das Wasser berührt, ist ein Goldschatz verborgen. Da sollte man hingehen und nachsehen!«

Das kann ich dir empfehlen. Geh zu dem Ende des Regenbogens und du wirst sehen, du findest den Goldschatz im See oder genau am Rande des Sees, da, wo alle Farben ganz intensiv schillern und gleißen.

Sieh genau hin, sieh dich langsam und bewusst um und du wirst ihn entdecken. Er ist da, wo dieses Wasser besonders heilend und besonders prickelnd ist. Heilendes, reinigendes Wasser, durchströmt von Licht und Energie. Und du wirst entdecken: es ist am Rande des Sees.

Und du gehst zu dem Ende des Regenbogens und schöpfst mit deinen Händen das Wasser zur Seite und du förderst das, was sich von deinen Wünschen manifestiert hat, als Schatz zutage. Du gräbst einfach die manifestierten Wünsche aus. Alles was darin ist – alle deine Wünsche.

Da Raum und Zeit aufgehoben sind und alles möglich ist, verkleinerst du sie auf Spielzeuggröße und baust am

Rande des Sees deine Schätze auf. Sieh dir alles in Ruhe an. Genieße, was du erhalten hast.

Lass dir Zeit ... alles, was geschieht, ist gut ...

Nimm alles an. Es können Symbole sein, es können reelle Manifestationen deiner Wünsche sein. Es kann ein Mann oder eine Frau sein. Es kann ein Freund sein oder es kann der »alte Weise« sein, denn alles schenkt dir das Licht. Es schenkt dir Energie. Alles gehört dir, denn das Licht beschert dir Reichtum, es beschert dir Gesundheit, es schenkt dir Glück, es schenkt dir Liebe, es schenkt dir Harmonie, es schenkt dir Frieden, es schenkt dir alles das, was du liebst und brauchst.

Und jetzt bedanke dich für deine Wunscherfüllungen. Trockne dich ab. Die Sonne strahlt und du bist augenblicklich trocken. Nimm all die erhaltenen Kostbarkeiten an dich. Verwahre sie gut und geh nun den Weg mit mir zurück.

Lass dir Zeit ... alles, was geschieht, ist gut ...

Schau dich noch einmal um, bedanke dich bei dem reinigenden Quellwasser, bei dem See, wo deine Wünsche ganz behutsam aufgehoben waren. Du weißt, du kannst jederzeit durch dreimaliges Atmen – *dreimal tief Durchatmen* – wieder an den See mit dem reinigenden Licht gelangen. Und nun komm auf den Weg mit mir zurück.

Genieße den Weg, genieße ihn bewusst, Schritt für Schritt. Sieh die wogenden Kornfelder, die blühenden Wiesen, den strahlend blauen Himmel und während dieser Zeit begleitet dich die Sonne als lebensspendende Energie. Die Sonne, die Licht, Wachstum und Leben für die Welt bedeutet. Sieh die blühenden Blumen, die Farbenpracht der Natur. Genieße Licht, Leben, Freiheit, Kraft und Stärke.

Lausche dem Zwitschern der Vögel. Höre den Tieren zu und verstehe sie. Atme deine Freiheit, atme mit jedem Schritt Licht und Liebe ein. Spüre, wie dein Herz warm und weich wird und spüre deine Freude und die Verbundenheit mit der Natur.

Du machst jetzt die letzten Schritte auf der Straße und kommst wieder zu der Treppe mit der Stufe eins. Du spürst den Frieden, die Ruhe und die Harmonie in dir und gehst jetzt hoch auf die Stufe zwei.

Du wirst allmählich wacher und betrittst die Stufe drei. Deine Augenlider blinzeln, du wirst wach.

Du kannst deine Glieder bewegen. Reck dich und streck dich und geh hoch zu der vier und die nächste Stufe ist die fünf.

Öffne die Augen. Du bist im Hier und Jetzt, voll da, bei der Zahl sechs. Du bist hellwach und erfrischt.

Und immer, wenn du zurück möchtest zu dem See, gespeist aus einer reinen Quelle, atmest du dreimal tief durch und wirst durch Raum und Zeit wieder bei der Quelle sein.

Und jetzt bist du im Hier und Jetzt und hast alle Geschenke, die deine Wünsche sind, mitgebracht.

Die Kraft des Vulkans

Dies ist eine Meditation, um die Intuition zu stärken und die geistigen mit den irdischen Kräften zu verbinden. Sie fördert die Erkenntnis der noch auszubildenden Stabilisationsbereiche. Durch die Lösung der Blockaden werden die Grunddynamiken wie Harmonie, Freude, Freiheit, Kraft, Mut, Handlungs- und Entscheidungsfähigkeit usw. gestärkt.

Setze dich ganz bequem hin und sei völlig entspannt, sei völlig entspannt. Lass deine Gedanken vorbeiziehen wie kleine weiße Wölkchen. Sieh ihnen nach und lass sie ziehen. Du musst nichts sollen, du musst nichts wollen, denn alles, was geschieht, ist gut.

Spüre um deinen Kopf herum eine weißgoldene Energie. Sie fließt durch dein Scheitelchakra in deinen Körper hinein. Sie fühlt sich leicht prickelnd und warm an. Du spürst, wie diese Energie sich in deinem Kopf ausbreitet. Deine Stirn wird glatt und deine Augenlider schwer. Deine Wangenmuskeln entspannen sich und dein Kinn wird schlaff. Diese weißgoldene Energie fließt weiter durch deinen Hals und Nackenbereich und du spürst wie dein Nacken und deine Schulterbereiche sich entspannen.

Dein Körper entspannt sich immer mehr und die Energie strömt immer weiter durch deinen Körper. Du spürst jetzt diese angenehme, warme, wohlige Wärme direkt in deinem Brustbereich und weiter im Bauchbereich.

Du musst nichts wollen, du musst nichts sollen und alles, was geschieht, ist gut. Spüre, wie dein Beckenbereich leicht und warm wird. Spüre, wie jegliche Verkrampfung weicht. Körper lass los, entspanne dich. Geist sei frei und rein. Die weißgoldene heilende Energie fließt weiter durch deine Oberschenkel und hinab durch deine Unterschenkel. Du spürst, wie die Energie durch deine Füße wieder hinausfließt und dich jetzt ganz fest mit der Erde verbindet, während durch dein Scheitelchakra immer weitere Energie nachfließt.

Raum und Zeit sind aufgehoben. Alles, was geschieht, ist gut und du stehst jetzt an der Treppe mit den sechs Stufen und gehst hinunter auf die Stufe fünf.
Du musst nichts wollen. Du musst nichts sollen. Geh auf die Stufe vier.
Du spürst, wie die Energie sich verändert, wie sie reiner und klarer wird. Dein Körper schläft, dein Geist ist wach. Du spürst, wie du tiefer sinkst und gehst auf die Stufe drei.
Tritt hinunter auf die Stufe zwei und spüre dich in deinem Sein. Dein Körper ist entspannt und du sinkst immer tiefer.
Mach den letzten Schritt auf die Stufe eins.

Vor deinem Auge erstreckt sich eine hügelige Wiesenlandschaft mit vulkanischen Bergen. Gehe den Weg durch die Wiese geradewegs auf einen Vulkan zu — deinen Vulkan. Sieh, wie der Vulkan leicht dampft. Gehe bis an die Spitze des Vulkans und sieh hinunter in den Schlund. Höre und fühle in dich hinein und jedesmal, wenn du einen Druck verspürst, Gefühle, Emotionen, etwas, das dich belastet, dann bitte dein höheres Selbst, es gemeinsam mit dir zu entfernen.
Spüre, wo deine Emotionen sind — wie sie sich aufblähen, zum Ball, zur Kugel oder auch zum Gestrüpp werden. Lass es sich formen, sich gestalten. Nimm es dann

vom Körper ab, in der Form, in der es sich manifestiert. Erschrick nicht darüber, denn alles, was geschieht, ist gut. Lass es geschehen.

Und nun nimm diesen Ball oder das Gestrüpp in Form eines festen Gegenstandes in deine Hände. Entferne es aus deiner Aura und wirf es in den Schlund, wirf diesen Druck in den Schlund. Immer und immer wieder. Lass alles raus, alles, was nicht zu dir gehört. Entferne es und sieh, wie du frei wirst, wie die Gefühle sich beruhigen, wie Klarheit in deinem Körper entsteht, wie Weisheit in deinem Körper entsteht, wie Kraft und Stärke in deinem Körper entstehen und wie die Lebensenergie zu dir zurückfließt. Spüre die Lebensenergie, spüre deine Kraft und deine Stärke.

Lass dir Zeit ...

Sieh den Dingen nach, die du in den Schlund wirfst, beobachte, wie sie in den brodelnden Vulkan eintauchen und von der reinigenden Flamme aufgenommen werden.

Alles taucht ein, es wird aufgenommen und es wird neutralisiert. Die Oberfläche glättet sich, um kurz danach erneut zu brodeln.

Sieh genau hinein in diesen brodelnden Vulkan. Ein Naturereignis, das dem Kosmos unterliegt. Sieh die Energie, die kosmische Energie. Sieh, wie sie deinen Druck, den du hineinwirfst, umwandelt – durch die verzehrende Flamme des Feuers, die nichts anderes ist als Energie, als kosmische Energie.

Nicht der Vulkan bebt, nur das Magma hat eine kleine Berührung erhalten. So klein, so winzig im Weltengeschehen wie ein Staubkorn, das auf die Erde fällt. Ob eines mehr oder eines weniger, ist egal, es ist gleichgültig, und für dich war es eine Riesenbelastung und jetzt hast du diese Belastung abgegeben an den Kosmos, an das Urgesetz, an die Uraktivität. Du hast diesen Druck durch das kosmische Geschehen in Freiheit verwandelt, sodass du in dir selbst frei bist.

Dadurch spürst du deine Kraft. Du spürst deine Stärke. Du spürst deine Freiheit, du spürst, dass du lebst. Die Lebenskraft fließt ungehindert durch dein Leben, durch deinen Körper, durch deine Seele und durch deinen Geist. Du bist in der Lage, auf deine intuitive Führung zu vertrauen. Du bist in der Lage, auf dein höheres Selbst oder die Christuskraft in dir, oder auf Brahma oder Atma, egal wie du es nennst, zu vertrauen. Du spürst, du bist alles Leben und alles Leben bist du. Du spürst und du weißt, du bist das Ganze und du bist ein Teil des Ganzen, und das Ganze wiederum bist du.

Du stehst auf dem Plateau des Vulkans und siehst in den Schlund und erkennst wie winzig, wie winzig klein deine Probleme sind. Das, was du als Problem bezeichnest, ist die Herausforderung des Lebens. Es ist deine Aufgabe, die du dir gestellt hast. Es ist das, was du hier lernen willst. Du willst es lernen, denn du willst diesen Aspekt in dir erlösen.

Sieh dich um, auf dem Rand des Vulkans, oben auf dem Stückchen Plateau. Sieh dich um, und sieh, dass zwischenzeitlich überall Lebenssäulen aus dem Boden gewachsen sind. Säulen aus hellschimmerndem Metall.
Neugierig gehst du zu der dir am nächsten stehenden und staunst. Du befühlst dieses Metall und du erkennst, dass es hart ist und gleichzeitig weich. Dass es stabil ist

und doch, wenn du genauer hinsiehst, erkennst du, dass es zusammengesetzt ist aus vielen, vielen Molekülen und dadurch bildet es eine feste Form. Du kannst es fühlen, du kannst es umarmen, denn du weißt, das sind die Grunddynamiken deines Lebens. Es sind die Grunddynamiken, zwölf Stück an der Zahl, oder du kannst sie auch »Die Pfeiler der Lebenserhaltung« nennen.

Und nun sieh dich genau um. Sieh hin, für welchen Grundpfeiler die erste Säule steht und erkenne, ob sie stabil ist oder ob du noch daran zu arbeiten hast.

Lass dir Zeit ...

Diese Säulen aus ganz herrlich schimmerndem, hellem Metall stellen deine Grunddynamiken dar. Du kannst jetzt ringsherum um den Krater laufen und du wirst alle entsprechenden Säulen finden.

Du wirst eine Säule finden, die für Glauben steht, eine für Stärke, eine für die Urteilskraft und eine für die Liebe. Du wirst eine finden für die Macht, eine für die Imagination, eine für das Verstehen, eine für den Willen, eine für die Ordnung, eine für die Initiative, eine für die Elimination, eine für das Leben.

Höre auf dein inneres Ich, auf deine Intuition, auf dein höheres Selbst und frage, was dir diese Säulen zu sagen haben. Schaue genau hin, welche Farben die einzelnen Bereiche annehmen. Wenn sie dunkel sind, dann sind es die Bereiche, an denen du arbeiten kannst und die du noch besser entwickeln kannst.

Erschaffe sie neu, wenn sie zusammenschrumpfen. Erschaffe sie aufgrund deiner Vorstellungskraft. Mache sie groß, mache sie stark und strahlend. Handle nach deiner Intuition. Gehe zu jeder Säule und frage deine Intuition, was sie benötigt. Gib es ihr. Dies kann eine neue Legierung sein oder eine andere Farbe. Vielleicht muss sie poliert werden. Vielleicht musst du Ballast abwerfen, der dich drückt, dann tu es und wirf ihn in den Schlund des Vulkans.

Lass dir Zeit ... alles, was geschieht, ist gut ...

Geh noch einmal zu jeder Säule und gib ihr den richtigen Stellenwert.

Lass dir Zeit ... alles, was geschieht, ist gut ...

Gehe langsam und bedächtig vor. Du hast alle Zeit, die du benötigst. Du hast alle Energie und Hilfe, die du brauchst und du zauberst wundervolle Säulen. Denn jede dieser Säulen ist ein Pfeiler deines Lebens.

Lass dir Zeit ... alles, was geschieht, ist gut ...

Sieh alle zwölf Säulen aufrecht, hell und strahlend im Kreis um den Krater des Vulkans stehen. Sieh, wie fest sie stehen, denn es sind deine Grundstöcke. Danke dafür, dass sie so gut ausgeprägt sind, und dass sie so hervorragend arbeiten, denn sie sind das Sinnbild deines inneren »Ich-Bin«.

Und nun verlasse den Vulkan. Du weißt, hier ist deine Quelle, deine Lebensform. Und alles, was von außen kommt, ist für dich gut, denn es stärkt dich. Es sind deine Lerngeschenke. Ja, es ist richtig, deine Probleme sind Geschenke. Nimm sie in Freude an und wandle sie um in Kraft, Liebe und Licht.

Nun fühlst du dich frei. Du fühlst dich stark und sicher. Danke deiner Intuition für die hervorragende Hilfe und die guten Einfälle, um deine Säulen zu festigen und zu stärken. Nun ist es gut. Drehe dich um und gehe mit leichtem und lockerem Schritt den Weg wieder hinunter. Genieße die klare Luft, den Frieden und die Harmonie.

Gehe Schritt für Schritt bergab und mit jedem Schritt fühlst du dich leichter, freier und glücklicher. Der Bergpfad geht jetzt in einen Wiesenweg über. Sieh, wie die Blumen blühen, die seltsamen, eigenartigen Pflanzen in den intensiven Farben. Höre, wie die Vögel zwitschern. Höre das leise Murmeln des Baches. Genieße den Frieden, die Harmonie deines Seins im Einklang mit dem Universum.

Gehe langsam den Weg zurück, bis du an der Treppe bist.

Du bist in Frieden, in Harmonie und gehst jetzt auf die erste Stufe hoch.

Du fühlst dich frei und trittst jetzt auf die Stufe zwei.

Du fühlst dich voller Licht und Liebe und gehst jetzt hoch auf die Stufe drei.

Du spürst langsam wieder, dass du einen Körper hast und trittst hoch auf die Stufe vier.

Recke und strecke dich und spüre dich.

Öffne die Augen, werde wach und gehe hoch auf die Stufe fünf.

Du fühlst dich gut, du fühlst dich frei.

Du bist voller Licht und Liebe, ausgeruht und stark trittst du jetzt auf die Stufe sechs.

Hellwach im Hier und Jetzt bei der Zahl sechs.

Rückführung – Problembewältigung

Dies ist eine Energiearbeit, um den Emotionalkörper zu klären. Sie eignet sich besonders gut für Menschen, die sich zur Zeit in einem Spannungsverhältnis zu anderen Personen befinden. In dieser Arbeit besteht die Möglichkeit auf bohrende und ungewisse Verhältnisse eine vernünftige Antwort zu erhalten. Bitte Frage formulieren und an entsprechender Stelle einsetzen.

Bitte lege dich hin, entspanne deinen Körper, lasse alles los, lass dich völlig los. Entspanne deinen Kopf und spüre, wie sich deine Gesichtszüge glätten. Du spürst, wie sie sich glätten und du spürst die Energie, die durch dein Scheitelchakra in deinen Körper hineinströmt.

Du spürst, wie dein Körper sich entspannt, wie du immer tiefer und tiefer sinkst. Du spürst, wie sich die Energie im Kopf und im Halsbereich ausbreitet.

Du spürst, wie die Energie warm und wohlig wird und durch deinen Brustkorb fließt. Dein Körper entspannt sich. Er wird leicht und schwer zugleich und du spürst, wie die Energie durch deinen Bauch- und Beckenbereich strömt.

Dein Körper ist entspannt, leicht und schwer zugleich. Du spürst diese weißgoldene Energie, wie sie weiter hinunterfließt durch die Oberschenkel. Du spürst das sanfte Kribbeln dieser heilenden Energie und du spürst, wie sie die Unterschenkel hinunterströmt und durch die Füße wieder hinaus.

Dein Körper ist völlig entspannt. Raum und Zeit sind aufgehoben und deine Gedanken sind wie kleine weiße

Wölkchen, die langsam dahinziehen. Lass sie davon-schweben.

Raum und Zeit sind aufgehoben – und du musst nichts sollen, du musst nichts wollen, du musst nichts müssen, – alles, was geschieht, ist gut – alles, was geschieht, ist gut. – Du machst jetzt eine kleine Reise.

Du stehst jetzt an der Treppe mit den sechs Stufen und trittst hinunter auf die Stufe fünf.

Mit jedem Schritt, den du hinabgehst, fällt immer mehr Ballast von dir ab – immer mehr Ballast fällt ab.

Geh weiter hinunter auf die Stufe vier.

Du spürst, wie du immer tiefer sinkst, immer tiefer und tiefer. Und du gehst hinunter auf die Stufe drei.

Du spürst, wie der Körper schwer und leicht ist und du gehst hinunter auf die Stufe zwei.

Du spürst dich und du gehst hinunter auf die Stufe eins und trittst jetzt hinaus auf die Plattform.

Dein Körper ist Energie – dein Körper ist reine Energie.

Lass dir Zeit ... alles, was geschieht, ist gut ...

Vor deinem Auge befindet sich eine große Brücke. Über diese Brücke willst du hinübergehen. Du gehst jetzt hinaus und Nebel steigt auf, sanfter Nebel. Gehe über diese Brücke, bis du an ihrem Ende angelangt bist und wiederum auf einer Plattform stehst.

Du hast dir eine Aufgabe gewählt, die du jetzt mit deinem Emotionalkörper lösen möchtest.

Zu dieser Aufgabe bittest du dein höheres Selbst neben dich zu treten. Dein höheres Selbst erscheint. Es wird dir helfen und dich unterstützen. Es wird dich führen und leiten und wir gehen zurück in diese Zeit, in das Leben, die

Erfahrung, in das Ereignis, das mit dieser Angelegenheit zu tun hat.

Und jetzt bittest du dein höheres Selbst dir zu helfen, dich bei der Hand zu nehmen und dich zu beschützen.

Dein höheres Selbst nimmt dich jetzt an die Hand und eure Aufgabe ist es zurückzugehen zu der Erfahrung:

Mustersätze

- das kannst du nicht
- das darfst du nicht
- das tut man nicht
- du sollst nicht lügen
- das schickt sich nicht
- das gehört dir nicht
- das bekommst du nicht

Bitte setzen Sie eine Liste mit Ihren eigenen Erfahrungs-mustern ein. Verwenden Sie in einer Meditationsarbeit nicht mehr als sieben Punkte. Das, was Sie zur Zeit am meisten blockiert, dieses Muster wird in der Entspannung sichtbar.

Wir wollen zu dieser Erfahrung zurückgehen, wir wollen sehen, welche Ursachen sie hat und wir wollen helfen, den Emotionalkörper zu klären. Und nun treten wir von der Plattform herab. Wir treten in das Ereignis, in das Leben:

Ihre Punkte werden wieder aufgezählt

– und wir rutschen in das Ereignis hinein. Dein höheres Selbst wird dich führen und leiten. Du bist jetzt in diesem Ereignis.

Lass dir Zeit ... Raum und Zeit sind aufgehoben und

alles, was geschieht, ist gut. Du musst nichts wollen. Du musst nichts sollen. Lass es fließen. Alles, was geschieht, ist gut ...

Bitte sieh dich jetzt an. Sieh auf deine Füße, welche Schuhe du trägst, sieh auf deine Waden, welche Strümpfe oder Stiefel du anhast. Sieh an deinem Körper hoch, ob du Frauen- oder Männerkleidung trägst. Sieh zu deinen Schultern, sind sie breit, sind sie schmal, bist du Mann oder Frau, bist du innerhalb des Geschehens oder bist du außerhalb des Geschehens?
Bitte dein höheres Selbst, dass du diese Situation innerhalb des Geschehens erlebst. Bitte dein höheres Selbst dir zu zeigen, worum es dabei geht. Erlebe diese Situation. Lass dich von deinem höheren Selbst führen. Dein höheres Selbst kennt die Aufgabe und weiß, wo die Blockaden zu finden sind.

Lass dir Zeit ... alle Situationen fließen ... lass dir Zeit ...

Die Menschen, mit denen du zu tun hast, schau sie genau an. Sieh genau hin. In welcher Verbindung stehst du zu ihnen in deinem heutigen Leben?

Lass dir Zeit ... alle Situationen fließen ... lass dir Zeit ...

Wo bremst dich dieses Ereignis von damals auch heute noch? Geh noch einmal hinein in diese Situation und schau dir die Angst an, die darin steckt. Bitte dein höheres Selbst dir deinen Emotionalkörper zu zeigen. Bitte dein höheres Selbst dir aufzuzeigen, wie dein Emotionalkörper aussieht.

Lass dir Zeit ... alle Situationen fließen ... lass dir Zeit ...

Geh in die Gefühle hinein, tauche ein und nimm gleichzeitig die Gefühle wahr, die du jetzt dazu hast.

Lass dir Zeit ... lass es fließen ... *(etwas längere Pause)*

Bitte dein höheres Selbst, den Emotionalkörper, den spirituellen Körper und den physischen Körper in eine Ganzheit zu bringen. Tröste deinen Emotionalkörper, schenke ihm Licht und schenke ihm Liebe. Rufe Licht und Liebe herbei, denn durch sie ist er zu heilen.

Geh nochmals in die Situation zurück. Durchlebe sie noch einmal. Schau in noch weitere Einzelheiten.

Zählen Sie die Punkte wieder auf ...

– und spüre die Situation, spüre sie in der ganzen Angst und kläre deinen Emotionalkörper. Dein höheres Selbst weiß, was zu tun ist, lass dir helfen.

Nun durchlebe das ganze Geschehen, durchlebe es und erkenne, wie die Zusammenhänge in diesem Leben wirken. Erkenne die Blockaden, die jetzt noch in veränderter Form in deinem Leben wirken. Erkenne, dass du sie nicht mehr brauchst. Gib dem Emotionalkörper Liebe, gib ihm Liebe, gib ihm Licht, mach ihn heil – mach ihn heil.

Und nun, da du diese Situation voll durchlebt hast, wirst du mit deinem spirituellen Körper, mit deinem Emotionalkörper und mit deinem physischen Körper, zusammen mit deinem höheren Selbst durch einen Lichttunnel nach oben gezogen in eine Region, in der es nur Licht und Liebe gibt, auf eine Ebene, in der nur Licht und Liebe herrschen.

Lass dich hochziehen ... spüre dich schweben ...

Und jetzt geh zu einem heiligen Tempel, der in der wunderschönen Landschaft steht. In diesem Tempel herrscht eine Atmosphäre von Licht, von Liebe und Frieden, von Schönheit und Harmonie.

Tritt hinein und geh zu dem großen Pult, das in der Mitte des Tempels steht. Es liegt ein Buch darauf. Es ist dein Buch, dein Lebensbuch. Da deine Körper mit Licht und Liebe angefüllt sind und du von deinem höheren Selbst begleitet bist, ist es dir gestattet hineinzuschauen.

Darin steht etwas über die Aufgabe, die du in diesem Leben zu erfüllen hast. Bitte nun dein höheres Selbst die richtige Seite für dich aufzuschlagen, denn es ist ein sehr dickes Buch. Dein höheres Selbst schlägt jetzt die richtige Seite auf und du wirst jetzt etwas über die Aufgabe lesen, die du hier zu erfüllen hast.

Lass dir Zeit ... sieh genau hin ... lass dir Zeit ...

Du hast noch eine Frage an dein höheres Selbst, eine, die dich bis heute belastet hat. Frage dein höheres Selbst. Du wirst die Antwort erhalten, immer auf die richtige Art und Weise, diesmal aus deinem Lebensbuch.

Frage einsetzen

Sehr weise und verständnisvoll versteht dein höheres Selbst diese Frage voll und ganz. Es schaut dich an und schlägt dir nun eine andere Seite auf. Und darin steht etwas über die Zukunft dieser Frage. Du bist erstaunt über das, was du jetzt liest ...

Lass dir Zeit ... sieh genau hin ... lass dir Zeit ...

Du bedankst dich nun bei deinem höheren Selbst, trittst aus dem Tempel hinaus und setzt dich auf die Stufen. Dein Emotionalkörper begleitet dich. Er ist angefüllt mit Licht und Liebe und er ist ganz heil, denn er konnte all diese alten Erfahrungsmuster loslassen.

Er weiß, dass er sie nicht mehr benötigt. Dein spiritueller Körper leuchtet in allen Regenbogenfarben, er ist ganz licht und heil und er vollführt einen Tanz der Freude.

Dein höheres Selbst ist ruhig und gelassen, voller Liebe, voll stiller Freude und Harmonie.

Ruh dich aus, du sitzt auf den Stufen des Tempels und genießt die weite Harmonie dieses wunderschönen Reiches, dieser bezaubernden Landschaft, diese himmlischen Klänge und du hörst Sphärenmusik, Musik, die aus den Tönen des Universums besteht, zauberhafte Musik, rein, klar, voller Liebe und voller Inbrunst, und genauso dankbar fühlst du dich. Du schaust alles an, du saugst es auf wie ein neugeborenes Kind, klar und rein.

Friede ist in dir, Freiheit ist in dir, Liebe ist in dir, deine göttliche Schöpferkraft ist in dir. Am liebsten würdest du von diesem Ort überhaupt nicht mehr zurückkehren. Er ist so voller Harmonie, so voller Frieden, so voller Schönheit, so voll stiller Freude. Du hast eine Antwort erhalten, alles ist geklärt.

Lass dir Zeit ...

Doch nun musst du wieder zurück. Aber du kennst den Weg, kannst ihn jederzeit dahin zurückgehen, wo du jetzt gerade bist. Es fällt dir schwer Abschied zu nehmen, doch du gehst jetzt zurück. Du spürst, was dein höheres Selbst für dich bedeutet und du bist ihm dankbar, denn ohne seine Hilfe wärst du da nicht hinaufgekommen.

Erhebe dich und gehe den Weg nach vorne, durch die wunderschöne Landschaft, bis du zu der großen Rutsche kommst.

Sammle alle deine Körper ein. Das tust du, indem du sie rufst. Sie sind alle rein, licht und klar, sodass es dir ein Leichtes ist nacheinander mit deinen Körpern zu verschmelzen. Der Emotionalkörper, der spirituelle Körper und dein physischer Körper, diese drei werden jetzt zusammenschmelzen.

Es geschieht ... genieße das Gefühl ...

Setze dich auf die Rutsche und rutsche hinunter, bis du auf der Plattform vor der Treppe bist. Erhebe dich und tritt auf die Stufe eins.

Du fühlst dich gesund und frei und trittst höher auf die Stufe zwei.

Spüre deinen Körper und deine Glieder und nach dem nächsten Schritt bist du auf der drei.

Recke und strecke dich und gehe hinauf auf die vier.

Spüre deinen Körper frisch, hell und rein und tritt hinauf auf die Stufe fünf.

Öffne die Augen, hellwach, ausgeruht, mit neuen Erkenntnissen gehst du jetzt die letzte Stufe hoch, auf die sechs.

Hellwach, frisch und frei!

Reise in den Ursprung

Diese Entspannungsreise dient Ihrer Harmonisierung und stärkt das Einheits- bzw. Ganzheitsgefühl in Körper, Geist und Seele. Sie eignet sich hervorragend zum Abbau von innerer Unruhe, Stress, Übermüdung und Hyperaktivität. Zugleich bietet diese Reise eine sehr intensive spirituelle Erfahrung an. Mit einiger Übung im Loslassen kann es dem Teilnehmer gelingen, sich selbst in seinem so-Sein und in seiner innersten Ganzheit zu erleben.

Mach es dir bequem. Setze oder lege dich hin. Sei völlig entspannt, ganz entspannt. Ruckel' dich noch ein bisschen zurecht, schließe die Augen und schalte ab. Deine Gedanken, sie sind wie kleine weiße Wölkchen, die einfach dahinziehen. Du brauchst sie nicht zu beachten. Du brauchst sie nicht zu werten, denn du machst jetzt deine Reise.

Die liebevolle Energie deines höheren Selbst hilft dir besser auf die verschiedenen Ebenen zu gelangen. Du spürst jetzt diese Energie an der Stirn, an den Schläfen und am Hinterkopf. Sie fühlt sich sanft, warm und leicht prickelnd an. Du fühlst, wie die Energie fließt. Und mit diesem herrlich leichten Fluss der Energie fließt alles Schwere aus deinem Körper heraus — alles Schwere fließt heraus.
Du spürst diese Energie als ein feines Kribbeln und du spürst, wie schwer deine Augenlider sind und wie entspannt du dich fühlst. Dein Gesicht wird ganz schlaff und diese Energie fließt mit einem feinen Kribbeln durch deinen Körper. Sie reinigt, sie heilt. Diese Energie strömt durch deinen Brustbereich und sie fließt durch deine Arme. Sie

fließt weiter in dein Sonnengeflecht und du spürst diese angenehme, wohlige Wärme.

Du spürst, dass du Geist bist und gleichzeitig spürst du, dass du einen Körper hast, wobei dieser Körper ganz friedlich und gelassen ist. Er ist entspannt, er ist in Harmonie, er ist in Ruhe und Frieden. Und diese weißgoldene Energie, die durch dein Scheitelchakra immer stärker in deinen Körper hineinfließt, breitet sich jetzt im Bauch- und Beckenbereich aus. Du spürst, wie sich dein Bauch- und Beckenbereich völlig entspannen, so als ob die Luft entweicht. Du spürst, wie alles Schwere durch die Oberschenkel und die Unterschenkel hinabgleitet und zu den Füßen hinaus gespült wird. Und diese Energie fließt immer mehr durch deinen Körper. Sie reinigt ihn, sie heilt, sie harmonisiert und bringt ihn ins Gleichgewicht.

Du bist Geist, du bist Körper, du bist Seele. Deine Gedanken, sie sind wie kleine weiße Wölkchen einfach vorbeigezogen. Und alles, was du siehst und denkst, alle Bilder, nichts ist wichtig, wichtig ist nur, dass du fühlst: »Ich-bin«, nur »Ich-bin«, ist wichtig. Spüre, dass du Geist bist und wisse, daß du einen Körper hast und fühle deine Seele.

Du bist an der großen Treppe mit den sechs Stufen angelangt. Tritt hinunter auf die Stufe fünf. Raum und Zeit sind aufgehoben und alles, was geschieht, ist gut.

Dein Körper entspannt sich immer mehr und du trittst nun hinunter auf die Stufe vier.

Du fällst tiefer und tiefer und gehst hinunter auf die Stufe drei.

Dein Körper ist leicht und schwer zugleich. Geh noch eine Stufe hinunter auf die zwei.

Du musst nichts wollen, du musst nichts sollen, du hast

alle Zeit der Welt und die der Ewigkeit vor dir. Und mit dem letzten Schritt trittst du hinunter auf die Stufe eins.

Ganz erstaunt bist du, denn zu deinen Füßen siehst du viele, viele Wölkchen in sanften, hellen und klaren Farben. Und auf einer ganz großen hellen Wolke, die, die gerade angeschwebt kommt, auf dieser wirst du bereits erwartet. Deine geistigen Helfer und dein Schutzengel erwarten dich auf dieser Wolke. Und mit leichten Schritten und viel Freude in dir gehst du nun zu dieser Wolke und steigst ein wie in ein Himmelbett.

Mit Freude begrüßen dich dein Schutzengel und auch deine geistigen Helfer umarmen dich. Sie freuen sich wieder einmal mit dir auf dieser Ebene zu sein. Raum und Zeit sind aufgehoben und alles, was geschieht, ist gut. Sieh in die Gesichter deiner geistigen Helfer und erkenne, dass sie lächeln und sich freuen, denn sie haben mit dir eine Reise geplant, eine wunderschöne Reise.

Fühle diese Energie, denn alles, was geschieht, ist gut. Leicht wie eine Feder hebt diese wunderschöne große Wolke nun ab. Sieh, wie sie höher steigt und wie sie ganz sanft und leicht davonschwebt.

Du fühlst dich in Frieden, du fühlst dich in Harmonie, du fühlt dich voller Kraft und voller Stärke. Du spürst, dass du Geist bist und du weißt, dass du einen Körper und eine Seele hast.

Und diese Wolke schwebt ganz leicht, immer höher und höher und du ziehst vorbei an Sternen, an Planeten, an fremden Sonnen, und das Universum wechselt die Farben. Teilweise kannst du auf den Planeten Städte erkennen, Kulturen, Lebewesen, so nah fliegt die Wolke daran vorbei. Weiter schwebt sie durch das Universum. Sie wird immer schneller, und trotzdem ist die Fahrt ganz sanft.

Viele Sterne, viele Planeten passieren deine Reise. Sie wird immer schneller und durchquert unser Universum.

Ganze Sonnensysteme, ferne Planeten, Monde, viele bunte Farben, Lichtplätze, alles fliegt an dir vorbei und sie gleitet weiter bis zum Ende des Universums. Und irgendwie schwebt diese Wolke auch noch darüber hinaus, und es wird still um dich, und es wird leer um dich. Außer dieser Wolke, auf der du mit deinen geistigen Helfern und deinem Schutzengel gebettet bist, gibt es nichts um euch. Und sie schwebt immer noch, immer noch ein Stückchen höher, immer noch ein Stückchen weiter. Und je weiter diese Wolke schwebt, desto mehr spürst du diese reine Energie. Du spürst die Luft, die du atmest, sie wird immer reiner, und du spürst, wie dein Geist immer reiner wird, wie er immer klarer wird, und du spürst, daß du nur noch Geist bist. Sieh dich selbst und erkenne deine geistige Energie.

Die Atmosphäre verändert sich, sie wird immer heller, wobei die Wolke immer weiterschwebt. Es wird heller und es wird licht und vor dir ist so etwas Ähnliches wie blaue Lichtfunken: Millionen, Milliarden, Billionen von Lichtteilchen, wie eine ganz, ganz große Energiemasse. Alles ist eingehüllt in dieses blaue funkelnde Lichtermeer. Du hast das Gefühl, als ob du nach Hause reist. Du siehst deine geistigen Helfer und deinen Schutzengel an und erkennst, dass sie es wissen und auch deine Gefühle verstehen. Und du siehst, wie ihr immer weiter darauf zufliegt, immer näher an diese Millionen, Trillionen Teilchen. Je näher du an diese Lichtteilchen herankommst, desto genauer kannst du sie erkennen. Du spürst, wie sich die Atmosphäre verändert, wie es warm wird, wie es rein wird, wie dieses Gefühl der Einheit in dir entsteht, dieses Gefühl zu Hause zu sein oder nach Hause zu kommen.

Und deine Wolke kommt jetzt ganz nahe heran, ganz nahe und hält sanft an. Jetzt weißt du es. Die blauen Lichtteilchen sind alles göttliche Funken, eine große göttliche Energie, und du spürst die Verbundenheit, die durch dein Herz, deine Seele und dein Bewusstsein fließt, und du fühlst gemeinsam mit diesen Wesen, mit diesen Teilchen. Du spürst dich als Ganzes und wiederum als ein Teilchen des Ganzen, und du hast die Möglichkeit, Verbindung und Kontakt mit dieser großen, göttlichen Energie aufzunehmen. Viele Seelen, viele geistige Wesen, viele göttliche Funken, es ist dir, als ob du alle kennst und als ob sie dich alle kennen würden.

Fühle dich als Teil des Ganzen. Genieße die Wärme, die Verbundenheit, genieße diese Kraft, genieße diese Einheit mit allem, was ist. Spüre, dass es nichts gibt, was du nicht bist, dass alles was ist, auch du bist, und alles was du bist, sind auch die anderen, die göttlichen Teilchen, denn jedes Teilchen ist ein Ganzes.

Du hast die Möglichkeit, von deiner Wolke aus, mit der Hilfe deiner geistigen Helfer und deines Schutzengels, Verbindung zu einigen Teilchen, zu einigen göttlichen Wesen aufzunehmen.

Lass es einfach geschehen, mach was du willst, fühle es, spüre die Kraft, die Anteilnahme, die Verbundenheit. Spüre diese Energie, denn es ist göttliche Energie. Es ist vollkommene, göttliche Energie. Spüre die Freude, denn eines Tages wirst du dort in die Einheit zurückgehen können, denn das, was du jetzt machst, ist ein Besuch.

Lass dir Zeit ... lass es fließen ... lass dir Zeit ...

Nachdem du alles gesehen, gehört, gefühlt und aufgenommen hast, besteht noch die Möglichkeit Fragen an die göttliche Energie zu stellen. Das gesamte Wissen ist vorhanden. Du kannst nach deinen Aufgaben fragen oder danach, was du vielleicht für die Erde tun sollst oder was du für dich tun sollst.

Ergreife die gute Gelegenheit reine, klare und wahre Antworten auf wichtige Fragen zu erhalten. Höre mit deinen inneren Ohren, sieh mit deinen inneren Augen die Antworten in dir. Du spürst, du bist die Energie und das Wissen des Ganzen. Du bist Teil des Ganzen. Du bist Licht, du bist Leben, du bist Freude, du bist Harmonie, du bist Kraft.

Genieße die Wärme, die Ruhe, den Frieden und benutze diese Energie — da du dich hier befindest — um dich vollends mit dem göttlichen Strom zu verbinden. Sieh mit deinem geistigen Auge, wie diese göttliche Energie mit all dem Wissen, mit all der Kraft, mit all dieser Macht und Liebe durch dein Scheitelchakra in deine Körper fließt und wisse, daß es jeden Tag, jede Nacht, jede Stunde, jede Minute und jede Sekunde, immer und immer sein wird. Dieser göttliche Strom wird immer fließen, egal, ob du es im Wachbewusstsein spürst oder nicht spürst, wisse, es ist. Und wisse, Gott ist.

Lass dir Zeit ... und nimm den göttlichen Strom in deinem physischen Körper auf.

Du siehst jetzt, wie deine geistigen Helfer diese Wolke wieder umlenken, langsam und sanft. Sie meinen, du sollst wieder auf die Erde zurück, denn hier ist dein Platz, den du gewählt hast, und wo du auch gebraucht wirst.

Die Wolke schwebt und du überlässt dich diesem wundervollen Gefühl des Fliegens. Hinter dir bleibt die Ewigkeit, das Licht, die Kraft, doch der Strom ist unverändert, er besteht immer und du kannst die Verbindung mit deinem Scheitelchakra sehen.

Und die Wolke schwebt weiter. Sie schwebt zurück durch die Atmosphäre, in der »Nichts« ist und tritt wieder in ein Universum ein. Wieder siehst du fremde Sterne, fremde Planeten und sie schwebt daran vorbei. Sie fliegt und fliegt mit ruhiger, harmonischer Gelassenheit durch unser Sonnensystem. Sie schwebt durch die Milchstraße und du hast das Gefühl nach allen Sternen greifen zu können und du bringst alles Wissen, du bringst alles mit.

Deine Intuition ist geöffnet und der göttliche Kanal ist unversiegbar. Diese Wolke, sie fliegt weiter und weiter. Bald siehst du in der Ferne, noch schemenhaft, viele andere Wolken, die bei deiner bekannten Treppe sind.

Sanft und ganz sacht setzt die Wolke vor der Treppe auf. Deine geistigen Helfer und dein Schutzengel freuen sich genauso wie du, dass sie mit dir diese Reise gemacht haben. Und sie sind und bleiben immer da, um dich zu begleiten.

Bedanke dich bei ihnen, dass sie es dir so gut ermöglicht haben und lasse sie auf dieser Ebene zurück. Umarmt euch und dabei merke dir die Energie der geistigen Wesen, damit du sie im Alltag erkennst. Steige nun von deiner Wolke und geh die letzten Schritte bis zur Treppe.

Vor dir befindet sich die erste Stufe und du betrittst sie. Du bist im Frieden, du bist in Harmonie und du spürst die Kraft in dir.

Tritt noch eine Stufe höher auf die zwei. Du spürst Kraft und Energie und gehst noch eine Stufe höher auf die drei.

Langsam merkst du, wie sich die Energie verändert und du spürst, dass du einen Körper hast, wobei du dich an alles erinnern kannst. Du weißt, du bist am göttlichen Strom angeschlossen, der nie versiegt.

Geh noch einen Schritt höher auf die vier und spüre deinen Körper, deine Muskeln, deine Knochen. Höre, wie du atmest. Dein Körper ist ausgeruht und frisch.

Geh hoch auf die Stufe fünf. Du bist im Frieden, du bist in Harmonie, du bist Kraft, du bist Stärke, du bist Glaube, du bist Liebe und du bist Macht.

Und du gehst noch einen Schritt hoch auf die sechs. Du fühlst dich erfrischt, frei, gesund und völlig ausgeruht und kommst jetzt zurück in das Hier und Jetzt mit der Zahl sechs.

Öffne die Augen und sei voll da.

Reichtum – Erfolg – Liebe

Sie haben ein immer während Problem, dessen Lösung Ihnen nicht bekannt ist. Denken Sie daran und umreißen Sie es kurz und prägnant. Gehen Sie mit dem festen Entschluss in die Meditation hierfür die Lösung zu erhalten.

Jedoch wundern Sie sich nicht, wenn Ihnen Ihr höheres Selbst eine andere Aufgabe anbietet, die Sie im ersten Moment vom Verstand her nicht zuordnen können. Bleiben Sie gelassen und seien Sie gewiss, dass das Richtige immer zum richtigen Zeitpunkt geschehen wird.

Mach es dir bequem, sei völlig entspannt, ganz entspannt, ruckel' dich noch ein bisschen zurecht, schließe die Augen und schalte ab. Deine Gedanken sind wie kleine weiße Wölkchen, die einfach vorbeiziehen. Du brauchst sie nicht zu beachten. Du brauchst sie nicht zu werten, denn du wirst jetzt eine kleine Reise machen.

Die liebevolle Energie deines höheren Selbst hilft dir besser auf die verschiedenen Ebenen zu kommen, und du kannst jetzt diese Energie an der Stirn, an den Schläfen und am Hinterkopf fühlen. Sie fühlt sich sanft, warm und leicht prickelnd an.

Du kannst fühlen, wie die Energie fließt. Und mit diesem herrlich leichten Fluß der Energie fließt alles Schwere aus deinem Körper heraus – alles Schwere fließt heraus.

Alles, was geschieht, ist gut – und die Energie fließt von deinem Kopfbereich durch deinen Brustbereich und es wird angenehm und wohlig warm.

Und sie fließt weiter durch die Arme und in den Bauchbereich. Alles fühlt sich angenehm und warm an. Die Energie strömt und du verspürst überall ein wohliges Kribbeln.

Dein Körper ist völlig entspannt. Völlig entspannt und locker genießt du noch das Hier und Jetzt. Und alle Geräusche, die du hörst, verstärken nur noch deine Entspannung.

Du sinkst ab und du entspannst dich immer mehr und alles, was geschieht, ist gut. Raum und Zeit sind aufgehoben. Du sinkst einfach tiefer, während sich dein Körper immer mehr entspannt.

Die Energie breitet sich im Beckenbereich aus und fließt durch die Oberschenkel in die Unterschenkel und durch die Füße in den Boden hinein. Und damit ist der Kreislauf geschlossen. Der Körper ist in völliger Entspannung und du bist eingehüllt in ein stabiles Feld aus Energie.

Raum und Zeit sind aufgehoben und du hörst meine Stimme und du achtest auf meine Stimme, und ich werde zur Vertiefung deiner Entspannung diese besondere Zählmethode anwenden:

Du befindest dich jetzt auf der Treppe mit den sechs Stufen, die nach unten führen. Du bist jetzt auf der obersten Stufe mit der Zahl sechs und du fällst tiefer auf die fünf.

Raum und Zeit sind aufgehoben und alles, was geschieht, ist gut. Du musst nichts wollen, du musst nichts sollen. Alles, was geschieht, ist gut. Und du gehst tiefer auf die Stufe vier.

Geh noch einen Schritt hinunter auf die Stufe drei. Dein Körper ist leicht und schwer zugleich. Du sinkst tiefer – noch tiefer. Raum und Zeit sind aufgehoben. Dein Körper ist in völliger Entspannung und du sinkst auf die zwei.

Du hörst meine Stimme und du achtest auf die Stimme. Lass dich führen und leiten, denn alles, was geschieht, ist gut. Du musst nichts wollen. Du musst nichts sollen. Was kommt, ist gut. Und du sinkst tiefer und tiefer auf die Stufe eins.

Du befindest dich jetzt im zeitlosen Raum und bist ganz tief unten. Dein Körper ist völlig entspannt, leicht und schwer zugleich.

Du erkennst jetzt eine große Tafel, wie eine große Leinwand. Dein höheres Selbst wartet bereits auf dich und hat die Aufgabe nochmals auf die Tafel geschrieben, die Aufgabe, deren Blockade du jetzt auflösen willst, und mit der du dich eingangs beschäftigt hast.

Höre sie und lies sie:

Aufgabe einsetzen oder warten, was von deinem höheren Selbst kommt:

Lass dir Zeit ... lass es fließen ... lass dir Zeit ...

Gemeinsam mit deinem höheren Selbst beginnst du nun deine Reise.

Du siehst vor dir einen Weg. Es kann eine Straße sein, die asphaltiert ist. Es kann ein Waldweg sein oder ein Feldweg. Diesen Weg gehst du entlang. In der Ferne, inmitten der Landschaft, siehst du einen runden Tempel mit einer goldschimmernden Kuppel.

Und du läufst den Weg entlang, während unterwegs die Landschaft ihr Aussehen wechselt: mit Kornfeldern, mit kahlem Land, mit Steinen, mit allem Möglichen, was die Natur zu bieten hat. Du gehst den Weg entlang und kommst langsam in die Nähe des Tempels.

Die Sonne scheint und du genießt ihre Kraft, denn sie spendet dir Lebensenergie. Die Sonne symbolisiert das reine Licht. Das Licht der Heilung. Das Licht des Wohlstandes. Das Licht der Gesundheit. Das Licht der Harmonie. Das Licht des Friedens und das Licht der Liebe.

Und nun, da Zeit und Raum aufgehoben sind, gelangst du zu dem runden Tempel, in den du mit deinem höheren Selbst eintrittst.

Und siehe da, du stehst genau in dem Ereignis, in der Aufgabe, in dem Geschehen. Bilder, Lichter, Ereignisse, Geschehnisse ziehen an dir vorbei oder du fühlst dich wie mittendrin. Möglicherweise erhältst du ein Symbol oder es entsteht eine Symbiose.

Sieh dich an. Sieh auf deine Füße, welche Schuhe du trägst. Sieh an deinen Waden hoch. Trägst du Hosen oder Strümpfe? Sieh an deinem Körper hoch. Sieh deine Schultern, sind sie breit oder schmal? Bist du Mann oder Frau?

Lass dir Zeit ... du bist in dem Ereignis, in der Aufgabe, in dem Geschehen.

Lass die Bilder immer klarer werden, sieh hin. Sieh dich um, erkenne die Personen, das Geschehen und verstehe intuitiv. Lass dir Zeit ... lass es fließen ...

Nimm alles an, lass geschehen. Alles, was geschieht, ist gut. Du musst nichts wollen, du musst nichts sollen. Dein linearer Verstand muss nichts verstehen. Alles ist in Ordnung. Alles ist gut.

Lass dir Zeit ... alles, was geschieht, ist gut ...

Gemäß der Situation wird dein Emotionalkörper erscheinen und auch dein spiritueller Körper. Du wirst beide sehen oder wahrnehmen können. Alles ist gut.

In diesem Augenblick gleitet die Kuppel des Tempels auseinander und öffnet sich zum Firmament. Du siehst nach oben und nimmst mit Staunen wahr, wie der Himmel hell und licht wird und feine Strahlen reinster Energie auf dich hernieder regnen. Es regnet reinste Energie. Sie rieselt auf deinen Emotionalkörper und auf deinen spirituellen Körper und auf dich.
Spüre, wie sie in dich und deine Körper eindringt, wie sie belebt und reinigt. Sieh, wie die Körper immer heller werden, wie alles Dunkle verschwindet, wie sie heller, reiner und klarer werden.

Lass dir Zeit ... alles, was geschieht, ist gut ...

Verlasse nach dieser Reinigung den Tempel und gehe mit deinen Körpern und deinem höheren Selbst weiter bis zu den Felsen, wo du das Rauschen des Wasserfalls hörst, das immer lebendiger wird, je näher du kommst. Und nun spürst du die feinen Gischtperlen, die der warme Wind sanft in dein Gesicht bläst. Im nächsten Augenblick fühlst du sich wie elektrisiert von diesem grandiosen Anblick.

Entledige dich deiner Kleider und tritt mit deinen beiden anderen Körpern unter den Wasserfall. Empfange die Kraft des Wassers, spüre seinen Fluss, spüre seine Kraft auf deinem Körper. Spüre die Wasserperlen als Energie. Spüre, wie diese Energie als belebende Frische in deine Körper eindringt, euch reinigt, euch heilt, euch Kraft und Stärke verleiht. Spüre, wie die letzten Reste der Blockaden einfach hinweg- und hinausgespült werden.

Erhebe geistig deine Arme mit den Handflächen nach oben und spüre die Energie, die in sie eintritt und durch dich hindurch fließt.

Empfange, empfange mit allen Poren, mit allen Sinnen, und spüre, dass du lebst – in Freiheit – in Freude – in Frieden – in Harmonie.

Spüre Freude. – Spüre Leben. – Spüre Licht. – Spüre dein reines Sein. – Dein All-ein(s)-sein mit allem.

Und nun bitte deine anderen beiden Körper, den spirituellen und den emotionalen Körper, sich mit dir zu verschmelzen. Es geht ganz einfach, es ist ganz leicht. Du brauchst nur zu bitten, und du wirst ein Ganzes. Du bist ganz, du bist heil.

Alles ist Licht, alles ist Energie. Alles gehört uns und das Licht beschert uns Reichtum, es beschert uns Gesundheit, es schenkt uns Glück, es schenkt uns Liebe, es schenkt uns Harmonie, es schenkt uns Frieden, es schenkt uns all das, was wir lieben.

Und nun komm heraus, erneuert in Körper, Geist und Seele. Komm heraus und siehe – du hast neue Kleider. Schöne strahlende Gewänder, eigens für dich bereitgehalten. Dein höheres Selbst hat besondere Farben für dich gewählt. Es sind Farben der Heilung, die du für dich im Alltag nutzen kannst.

Kleide dich an. Spüre die Sonne, die Wärme, die dich augenblicklich trocknet. Nun kannst du den Weg mit deinem höheren Selbst zurückgehen.

Und siehe, auch der Weg ist neu. Genieße die Straße, genieße bewusst Schritt für Schritt. Sieh die wogenden Kornfelder, sieh die blühenden Wiesen, sieh den strahlend blauen Himmel und während dieser Zeit begleitet dich die

Sonne als lebensspendende Energie, die Sonne, die Licht und Leben für unsere schöne Welt bedeutet.

Komm mit, mit uns – den Weg zurück. Den Weg in ein neues Leben, voller Licht und voller Liebe. Den Weg in ein Leben von Freiheit, von Frieden, Glück und Sonnenschein.

Du machst jetzt die letzten Schritte auf dem Weg und kommst gemächlich bei der Treppe mit den sechs Stufen an. Danke deinem höheren Selbst für die Hilfe – und sag, du kommst wieder.

Leicht, locker und gelöst gehst du jetzt zu der Stufe eins. Du fühlst dich gesund. Du fühlst dich frei. Du fühlst dich großartig. Du spürst den Frieden, die Ruhe und die Harmonie in dir und gehst jetzt hoch auf die Stufe zwei.

Du fühlst dich gesund. Du fühlst dich frei. Du fühlst dich großartig. Geh noch eine Stufe höher auf die drei.

Du fühlst dich gesund. Du fühlst dich glücklich. Du fühlst dich großartig. Deine Augenlider blinzeln. Du kannst deine Glieder bewegen. Reck dich und streck dich und geh hoch auf die Stufe vier.

Du fühlst dich gesund. Du fühlst dich frei. Du fühlst dich großartig. Du wirst wach und die nächste Stufe ist die fünf.

Öffne die Augen. Du bist im Hier und Jetzt, voll da, bei der Zahl sechs.

Du bist hellwach und erfrischt. Du fühlst dich gesund. Du fühlst dich frei. Du fühlst dich großartig.

Phönix aus der Asche

Diese Arbeit eignet sich besonders für Menschen, die gerade schwere und traurige Zeiten erleben, denen das Lachen, die Freude und die Heiterkeit fehlen. Gemäß der Veränderungen, die in dieser Meditation mit den Figuren unter Mithilfe des höheren Selbst vorgenommen werden, entdecken Sie Ihr eigenes, unbeschwertes inneres Kind.

Bitte setze dich oder lege dich hin. Lass diese weißgoldene Energie durch dein Scheitelchakra in dich eintreten. Spüre dieses angenehme, wohlige Kribbeln. Entspanne deinen Körper, ruckel dich noch ein wenig zurecht und lass dich fallen. Lass alle Glieder hängen, du musst nichts sollen, du musst nichts wollen. Alles, was geschieht, ist gut.

Um dich herum spüre eine liebevolle, warme Energie. Du spürst diese liebevolle Energie an der Stirn, an den Schläfen und am Hinterkopf. Du spürst, wie sie leicht kribbelt. Durch dein Scheitel-/Kronenchakra tritt diese liebevolle weißgoldene Energie in dich ein. Und du spürst ein angenehmes, wohliges Kribbeln.

Du spürst, wie sich deine Stirn entspannt. Du spürst, wie dein Gesicht schlaff wird. Du spürst, wie diese Energie durch deinen Kopf, in deinen Hals hinab und weiter in den Brustbereich strömt. Du spürst diese weißgoldene, heilende Energie.

Du spürst, wie es in deinem Brustbereich angenehm wohlig und warm wird. Gleichzeitig spürst du, wie diese Energie auch durch deine Schultern fließt. Sie entspannt deinen Nacken und sie fließt durch deine Arme und Hände.

Sie fließt weiter in deinen Bauchbereich und du spürst, wie sie sich vollkommen ausdehnt. Du spürst, wie alle Zellen umspült und durchspült werden. Du spürst es kribbeln und du weißt, es ist heilende Energie und diese Energie breitet sich von deinem Bauch aus weiter in deinen Beckenbereich hinein.

Sie fließt durch deine Oberschenkel, durch deine Unterschenkel in die Füße und damit wieder hinein in die Erde, denn sie fließt durch deine Füße wieder hinaus.

Der stetige Fluß dieser liebevollen, weißgoldenen, heilenden Energie schließt den Kreislauf von Sein und Werden, von Tod und Leben und das Energiefeld ist stabil.

Du bist eingehüllt in ein stabiles Feld aus Energie. Raum und Zeit sind aufgehoben und die Energie fließt. Und du spürst das Kribbeln, das wohlige Kribbeln im ganzen Körper.

Du stehst jetzt an der Treppe mit den sechs Stufen, die nach unten führen. Von der obersten Stufe mit der Zahl sechs gehst du jetzt hinunter auf die Stufe fünf.

Und je weiter du abwärts gehst, desto mehr wird sich dein Körper entspannen und du sinkst immer tiefer — immer tiefer. Alle deine Gedanken ziehen nur noch vorbei. Du brauchst sie nicht zu werten. Du brauchst sie nicht zu beachten und du gehst auf die Stufe vier.

Und du sinkst tiefer auf die Stufe drei.

Noch tiefer auf die zwei.

Du bist in Harmonie mit dir und deinem Sein und du gehst tiefer und tiefer auf die Stufe eins.

Komm herunter von der Stufe eins und spüre, wie du auf weichen, weißen Sand trittst. Du spürst den Sand unter deinen Füßen und schaust in die Ferne. Vor dir erstreckt sich ein herrlicher Strand. Ein großer, endlos weiter Strand.

Sieh dich um. Du wirst etwas entdecken: eine Gestalt, fast durchsichtig. Sie sieht aus wie dein zweites Ich, das hier auf dich wartet. Etwas sehr Vertrautes. Wenn du es ansiehst, spürst du, dass dir sehr viel Liebe entgegenströmt. Sehr viel Liebe, sehr viel Frieden, sehr viel Freude, sehr viel Harmonie strömt zu dir.

Dieses Wesen, das jetzt zu dir tritt, ist dein höheres Selbst. Mit inniger Freude und großer Liebe trittst auch du diesem Wesen entgegen, denn ihr seid euch vertraut und ihr habt euch lieb.

Es ist etwas sehr Reines, sehr Schönes. Ihr begrüßt euch wie zwei alte Freunde, in Ruhe, in Harmonie, in Freude und Lachen. Da dein höheres Selbst die Aufgabe kennt, wird es mit dir den Weg gemeinsam weitergehen.

Es sagt zu dir: »Komm mit mir, wir gehen jetzt an den Strand und ich werde dir zeigen, wer oder was du wirklich bist.«

Mit Freude und mit leichten Schritten gehst du mit deinem höheren Selbst durch den weichen, warmen, angenehmen Sand.

Du genießt die Sonne. Sie strahlt von einem herrlich blauen Himmel und du spürst ihre Kraft, wie sie dich stärkt und aufbaut, und nun gelangst du mit deinem höheren Selbst an das Meer. Ein Meer, ein Ozean, so weit und so strahlend blau, und du hörst die leisen Wellen, wie sie an das Ufer spülen. Du stehst davor und genießt diese unendliche Weite und du kommst dir klein vor im Angesicht dieser Größe.

Genieße das Meer, spüre die Kraft des Wassers, spüre das Leben des Wassers. Rieche es, schmecke es, empfinde und genieße es.

Lass dir Zeit ... genieße ... atme ...

Nun wende dich nach links und gehe ein Stück den Strand entlang. Du spürst, wie das Wasser ganz sacht über deine Füße spült, wie es hereinrollt und sich wieder zurückzieht in das große Meer des Lebens. Und du gehst weiter am Strand entlang.

In der Ferne siehst du etwas schimmern, etwas Metallenes und je näher du kommst, desto größer wird dieses Etwas. Es nimmt die Form und die Konturen einer Gestalt an. Es sieht aus wie ein Wesen aus Metall.

Gehe darauf zu und nimm es wahr. Sieh es dir genau an: Das, was du genau erkennen kannst, ist eine Figur, die aussieht wie du, nur aus Metall, mit ganz starren Gesichtszügen, als ob sie eine Maske trägt: starr, fest und eingefroren.

Dein höheres Selbst fordert dich jetzt auf, dieses Metallgebilde zu befreien, denn es ist das Spiegelbild deiner Selbst. Sieh dich um, irgendetwas wird es am Strand geben. Irgendetwas wird da sein, mit dem du dieses Gebilde zerstören kannst. Etwas, wodurch du es befreien kannst.

Es wäre schön, wenn du etwas findest, womit du es verbrennen kannst, sodass es neu entsteht. Suche etwas, sei erfinderisch, sei kreativ und vernichte diese Gestalt, denn sie blockiert dich.

Es gibt immer eine Möglichkeit, doch das bleibt deiner Fantasie überlassen. Mache dich an die Arbeit und vernichte diese Gestalt, diese starren Gesichtszüge, diese Gestalt, diese Maske.

Und wie du es befiehlst, so wird es geschehen.

Lass dir Zeit ... handle ... lass dir Zeit ... keine Eile ...

Nun, da diese Gestalt vernichtet ist, ist nur noch ein Häufchen übrig. Doch sieh, wie sich aus dem Boden etwas Neues nach oben schiebt. Etwas, das lebendig ist, etwas, das so aussieht wie du, und du erkennst, dass die Transformation gelungen ist. Und mit diesem Etwas, mit diesem neuen Etwas verbindest du dich, denn es ist ein Teil von dir. Es ist der erlöste Teil von dir und ihr beide verschmelzt.

Du fühlst, wie du stark wirst. Du fühlst, wie du glücklich bist und du fühlst dich befreit.

Und jetzt lächelt dein höheres Selbst. Es ist in Frieden, es ist in Harmonie und es freut sich für dich.

Gehe weiter, nimm deine Wanderung wieder auf. Genieße das Meer, das alles Leben birgt, genieße die Sonne, die alles Leben birgt und gehe leichten Schrittes weiter. Spüre das Wasser, wie es über deine Füße spült und sich wieder zurückzieht. Spüre die Luft, die du atmest. Atme tief ein, sauge deine Lungen voll und spüre deine Freiheit.

Gehe einfach weiter in dieselbe Richtung und wieder siehst du in der Ferne etwas schimmern. Je näher du darauf zukommst, desto mehr erkennst du es als dieselbe Figur. Wieder eine metallisch schimmernde Gestalt und wieder trägt diese Gestalt deine Gesichtszüge und du gehst auf diese Gestalt zu.

Diesmal bist du mutiger, denn du bist im Schutze deines höheren Selbst. Du hast dir vorgenommen, dieses Mal mit dieser Gestalt, mit dieser Maske, zu reden. Du fragst nun diese Maske, was du für sie tun könntest und erhältst auch sofort die Antwort.

Diese Maske, diese Gestalt antwortet in metallenem Ton: »Gib mir Liebe, ich brauche Liebe.«

Verdutzt stehst du einen Augenblick da und überlegst.

Wie gebe ich einer so starren Persönlichkeit Liebe, wie mache ich das? Wie soll das nur funktionieren?

Wieder spricht die Maske: »Gib mir Liebe, gib mir Liebe und du wirst ein Wunder erleben.«

Dein höheres Selbst weiß, was da zu machen ist. Es kann dir die Antwort geben. Sprich mit ihm, dein höheres Selbst wird dir die Antwort geben. Es sagt dir genau, was zu tun ist. Höre hin, höre, was dein höheres Selbst spricht und befolge die Anweisungen deines höheren Selbst – und siehe da, es geschieht ein Wunder.

Lass dir Zeit ... genieße und staune ... lass dir Zeit ...

Nachdem du dieser Gestalt, dieser Maske Liebe gegeben hast, verwandelt sie sich augenblicklich in ein ganz helles, reines, lachendes Wesen. Sie wird ganz weich, ganz schimmernd und das Metall wird immer heller, immer heller und immer durchsichtiger, bis diese Gestalt nur noch reine Energie ist.

Diese Energie trägt deine Gesichtszüge und sie lacht, denn sie ist ein Teil von dir und möchte sich mit dir vereinigen. Lass es geschehen. Lass die Vereinigung geschehen und spüre, wie du dich fühlst, voller Liebe, voller Zärtlichkeit, voller Glückseligkeit und nun gehe einfach weiter mit dem höheren Selbst an deiner Seite.

Spüre das Meer, spüre den Duft des Meeres, höre das leise Rauschen der Wellen. Spüre das Meer, aus dem alles Leben kommt. Spüre die Sonne, die strahlend blau dir Energie und Kraft verleiht und gehe einfach weiter.

Genieße die Wanderung. Genieße sie, und nochmals siehst du in der Ferne etwas blinken, etwas ganz Kleines, und du denkst, es kann nicht schon wieder so etwas sein.

Gehe ruhig darauf zu, gehe hin. Je näher du kommst, desto deutlicher kannst du es wahrnehmen.

Es ist ein Kind, aber es ist auch aus Metall und es hat Gesichtszüge, die den deinen gleichen. Trotzdem sieht es ernst aus, gar nicht wie ein Kind. Mit eingefrorenen Zügen, mit herunterhängenden Mundwinkeln, eben ganz starr. Es ist nicht groß und es kommt dir entgegen.

Du weißt bereits, was du zu tun hast. Du schaust zu deinem höheren Selbst und siehst wieder auf das Kind und fragst es: »Was benötigst du?«

Und diese kleine Maske antwortet in metallisch klingendem Ton: »Ich brauche Freude. Ich brauche Lachen. Ich brauche Fröhlichkeit. Ich brauche Freude. Ich brauche Lachen. Ich brauche Fröhlichkeit.«

Nun beratschlage dich mit deinem höheren Selbst, welche Lösung hier am besten ist, denn die Maske braucht Freude, sie braucht Fröhlichkeit, sie braucht Lachen, um lebendig zu werden. Dein höheres Selbst weiß einen Rat.

Frage dein höheres Selbst, das dich begleitet, denn der Rat deines höheren Selbst ist immer richtig. Gib der Maske einfach, was sie benötigt. Dein höheres Selbst kennt die Lösung.

Lass dir Zeit ... informiere dich gut ... lass dir Zeit ...

Und siehe, wie augenblicklich das Wunder geschieht. Diese Maske verwandelt sich in ein Kind, in ein strahlendes Kind, in ein lachendes Kind, in ein Kind voller Freude und Sonnenschein. Es trägt deine Gesichtszüge und es ist ein Teil von dir. Es ist der unbeschwerte Teil von dir.

Dieses Kind möchte integriert werden. Verschmelze dich mit diesem Kind und spüre die Freude in dir, spüre das Lachen in dir, spüre, dass du lebst. Spüre das Kind in dir, die Unbeschwertheit, die Heiterkeit, die Unbefangenheit, das leichte Vergessenkönnen, die Neugierde, das Impulsive und das Intuitive. Alles dies trägt das Kind in reichem Maße in sich. Spüre es in dir und genieße es.

Lass dir Zeit ... freue dich ... freue dich ...

Wende dich zum Meer und spüre den Duft des Meeres, spüre das Wasser. Spüre die Intensität deiner Gefühle.

Lass dir Zeit ... alles, was geschieht, ist gut ...

Und nun frage dein höheres Selbst, was zu tun ist und es rät dir jetzt wieder mit ihm zurückzukehren.

Du gehst jetzt langsam den Weg am Strand wieder zurück und jetzt empfindest du alles doppelt und dreifach traumhaft schön. Du fühlst dich frei. Du fühlst dich glücklich. Du fühlst dich unbeschwert, voller Freude, voller Lachen, voller Heiterkeit, voller Liebe und voller Glück und Sonnenschein.

Und du gehst den Weg zurück, und da Raum und Zeit aufgehoben sind, siehst du auch, wie du der Treppe immer näher kommst.

Dein höheres Selbst ist so ein wundervoller Begleiter auf dieser Ebene, auf der du dich jetzt befindest. Hier kannst du alles ganz deutlich wahrnehmen. Du kannst mit ihm reden, lachen und du spürst seine Liebe. Du spürst seine Fürsorge. Achte genau auf die Töne. Achte auf die Schwingung deines höheren Selbst und bitte dein höheres Selbst sich auch mit dir zu vereinigen, zu verschmelzen, damit du immer – auch im Tagesbewusstsein – mit ihm sprechen kannst, dich von ihm führen und leiten lassen kannst. Freudig stimmt dein höheres Selbst diesem Vorschlag zu. Und die Verschmelzung beginnt. Es ist ganz einfach, es ist ganz leicht. Du bist ein Ganzes und du bist heil.

Leicht, locker und gelöst gehst du nun die letzten Schritte zu der Treppe und kommst zu der Stufe mit der eins und du gehst gleich hoch zu der zwei.

Du fühlst dich glücklich. Du fühlst dich frei. Du fühlst dich voller Lachen und voller Heiterkeit und kommst jetzt hoch zu der drei.

Alles Bedrückende, alles Schwere, was war, ist weg. Du bist frei, voller Lachen, voller Glück und voller Heiterkeit. Und du wirst wach und kommst hoch auf die vier.

Du fühlst dich glücklich, du fühlst dich frei und du fängst an, deine Glieder zu recken und dich zu strecken und du kommst hoch auf die fünf.

Blinzle mit den Augen. Mach sie auf und du bist voll und ganz im Hier und Jetzt bei der Zahl sechs.

Du fühlst dich glücklich. Du fühlst dich frei. Du fühlst dich großartig.

Der Baum – Dein Freund

Diese geführte Meditation eignet sich besonders gut, um nach einem hektischen Tag abzuschalten. Sie fördert über die Bilder die direkte Kommunikation und Verbundenheit mit der Natur. Kraft und Stärke werden im menschlichen Körper aktiviert und Sie lernen wieder zu sehen und den »Garten Eden« als das zu betrachten und zu empfinden, was er ursprünglich war.

Mach es dir bequem, setze oder lege dich hin, sei völlig entspannt, ganz entspannt, rück dich noch ein bisschen zurecht, schließe die Augen und schalte ab. Deine Gedanken sind wie kleine weiße Wölkchen, die einfach vorbeiziehen. Du brauchst sie nicht zu beachten. Du brauchst sie nicht zu werten, denn sie ziehen vorbei. Trete jetzt deine kleine Reise an.

Die liebevolle Energie deines höheren Selbst hilft dir besser auf die verschiedenen Ebenen zu kommen und du spürst jetzt diese Energie an der Stirn, an den Schläfen und am Hinterkopf. Sie fühlt sich sanft, warm und leicht prikkelnd an.
Und du fühlst, wie die Energie fließt. Und mit diesem herrlich leichten Fluß der Energie fließt alles an Schwere aus deinem Körper heraus – alles Schwere fließt heraus.
Und alles, was geschieht, ist gut – und die Energie fließt von deinem Kopfbereich in deinen Brustbereich und es wird angenehm und wohlig warm.
Und sie fließt weiter durch deine Arme und in den Bauchbereich. Alles fühlt sich angenehm und warm an.

Die Energie fließt und du verspürst überall ein wohliges Kribbeln.

Dein Körper ist völlig entspannt und völlig entspannt und locker genießt du noch das Hier und Jetzt. Und alle Geräusche, die du hörst, verstärken nur noch deine Entspannung.

Du sinkst ab und du entspannst dich immer tiefer. Raum und Zeit sind aufgehoben und du sinkst einfach tiefer, während sich dein Körper immer mehr entspannt.

Und die Energie breitet sich im Beckenbereich aus und fließt durch deine Oberschenkel in die Unterschenkel und durch die Füße in den Boden hinein. Und damit ist der Kreislauf geschlossen.

Dein Körper ist in völliger Entspannung und du bist eingehüllt in ein stabiles Feld aus Energie.

Raum und Zeit sind aufgehoben und du hörst meine Stimme und du achtest auf meine Stimme, und ich werde zur Vertiefung deiner Entspannung diese besondere Zählmethode anwenden:

Du befindest dich jetzt an einer Treppe mit sechs Stufen, die nach unten führen. Du stehst jetzt auf der obersten Stufe mit der Zahl sechs und du gehst tiefer auf die Stufe fünf.

Raum und Zeit sind aufgehoben und alles, was geschieht, ist gut. Du musst nichts wollen, du musst nichts sollen. Alles, was geschieht, ist gut.

Und du sinkst einfach auf die vier. Und du gehst tiefer und tiefer auf die drei. Du sinkst noch tiefer und das Energiefeld ist stabil.

Raum und Zeit sind aufgehoben. Dein Körper ist in völliger Entspannung und du sinkst auf die zwei.

Du hörst meine Stimme und du achtest auf die Stimme.

Du lässt dich führen und leiten. Und alles, was geschieht, ist gut. Du musst nichts wollen. Du musst nichts sollen. Was kommt, ist gut. Und du sinkst tiefer, immer tiefer auf die Stufe eins.

Du befindest dich jetzt im zeitlosen Raum und bist ganz tief unten. Dein Körper ist völlig entspannt, leicht und schwer zugleich, und du siehst vor dir eine herrliche Wiese mit blühenden Blumen, mit prächtigen alten Bäumen, die Blüten und Früchte tragen, deren Farben intensiv und satt leuchten.

Auf der Wiese mit ihren blühenden Blumen tanzen Schmetterlinge. Die Luft ist lau und warm. Der Himmel strahlt in klarem, hellem Blau. Vor deinen Augen breitet sich ein grüner, samtener Teppich aus, getupft mit vielen bunten Farben, so weit dein Auge reicht.

Und in diese herrliche Landschaft gehst du jetzt einfach ein paar Schritte hinein. Du läufst einfach durch die Wiese. Du spürst das Gras an deinen Waden. Du spürst es angenehm frisch und du atmest diesen würzigen, frischen Duft, diese klare Luft. Du gehst einfach weiter, bis du zu dem kleinen Bach kommst, der sich quer durch die Landschaft schlängelt. Du hörst leise das Plätschern des Baches. Er ist glasklar und du kannst bis auf den Grund sehen. Du siehst viele bunte Fische und Libellen, die auf dem Wasser tanzen. Es ist klar, es ist rein und es plätschert leise vor sich hin.

Suche dir ein bequemes Plätzchen und lasse dich nieder. Die Sonne scheint, es ist angenehm. Du fühlst dich entspannt. Du bist voller Frieden. Du bist voller Harmonie und voller Freude. Du bist erfüllt mit lebendiger Energie und doch spürst du, wie in deinem Körper sich immer mehr Ruhe, Frieden und Harmonie ausdehnt. Du freust dich an der Natur, ringsherum um dich ist außer den Naturgeräuschen Stille. Eine harmonische Stille, die Kraft spendet, die Balsam für die Seele ist.

Genieße es einfach und höre das leise Plätschern des Baches, höre die Vögel zwitschern in der lauen Luft und spüre die Freude, dass du lebst. Spüre Freude in dir, spüre Schönheit in dir, spüre Harmonie und Frieden in dir. Tanke einfach auf.

Genieße die Ruhe, schalte ab, beobachte deine Gedanken. Lass sie einfach dahinziehen und spüre die Melodie deiner Seele. Spüre, wie deine Körper sich einfügen in die Harmonie dieser Landschaft. Spüre, wie die Atmosphäre dieser Landschaft heilend auf Körper, Geist und Seele wirkt. Spüre, dass du lebst. Spüre, dass du bist. Spüre, wie Frieden durch deine Gedanken zieht, wie Frieden einzieht in dein Herz.

Beobachte die Schmetterlinge, die von Blüte zu Blüte tanzen, sieh ihnen zu und erkenne, dass das, was wie ein Spiel wirkt, ihr Lebensinhalt ist. Spiele auch du das Spiel deines Lebens: leicht, locker und gelöst, wie die Schmetterlinge. Spiele dein Spiel voller Kraft, voller Mut und voller Stärke.

Spüre, wie Frieden in dein Herz einkehrt, spüre, wie deinem Körper ganz wohlig wird, wie er sich angenehm weitet. Spüre, dass die Luft und die Landschaft heilend für deinen Körper, für deinen Geist und für deine Seele sind. Spüre, dass du lebst. Spüre, dass du atmest. In Harmonie siehst du diesen Schmetterlingen zu. Die Blumen neigen sich, wenn ein Schmetterling oder ein Insekt auf ihnen Platz nimmt, jedoch bleiben sie in ihren Wurzeln stark und im Boden fest verankert, so wie du.

Du kannst dich hin und her biegen im Spiel des Lebens,

doch mit deinen Wurzeln, mit deinen Füßen bleibst du im Boden verankert wie ein Baum, voller Mut, voller Kraft, voller Stärke, voller Leben.

Und dein Blick schweift ab zu dem großen alten Baum, der in deiner Nähe steht, auf der anderen Seite des Baches. Nur langsam lässt du deinen Blick hochwandern. Zuerst siehst du auf das Wurzelwerk und du erkennst und erfasst intuitiv, wie es sich unter dem Boden ausbreitet und dass die Wurzeln sogar bis in den Bach hineinragen. Ganz große Wurzeln, und du spürst, wie sie fest verankert sind und du siehst an dem prächtig gerade gewachsenen Stamm hoch. Gedanken und Bilder steigen in dir auf.

Was könnte dieser Baum nicht alles erzählen, er hat so vieles erlebt – Sein und Werden: Im Frühjahr treibt er grüne Blätter und entsteht zu voller Blüte und Pracht und im Herbst, wenn die Stürme kommen und die Ruhephase des Lebens eintritt, dann wirft er seine Blätter ab. Im Winter ruht er, in Frieden, in Harmonie und trotzdem voller Kraft und voller Stärke, um uns im nächsten Frühjahr wieder mit neuen frischen Blättern und Blüten zu erfreuen. Und du siehst hoch an dem Stamm und es ist, als ob dieser Baum zu dir spricht. Als ob er dir seine Geschichte erzählt und du spürst, was von ihm ausgeht, wie viel Kraft, wie viel Stärke, denn er untersteht ganz einfach dem Naturgesetz, unter dem auch du stehst, so, wie unter den kosmischen Gesetzen des Lebens.

Langsam schweift nun dein Blick nach oben zu der mächtig ausladenden Krone des Baumes. Es hat lange gedauert, bis er so groß und so stark geworden ist: Tage, Jahre und viele Monde. Jedes Jahr wurde er ein Stück stärker und ein Stück größer, genau wie du. Auch du wächst jedes Jahr, du entwickelst dich, du wirst weiser, du wirst reifer, du wirst mutiger, du wirst stärker, du wirst kräftiger und du siehst diese Krone des Baumes, dieses satte Grün und die Sonne blitzt durch das dichte Laub hindurch.

Die Sonne, die Energie, das Licht, das Leben, es ist, als ob alles unendlich weit wäre, dein Herz öffnet sich und du spürst es sanft pulsieren und du spürst, wie es weit wird und wie es weich wird. Und dieser Baum, es ist, als ob er dein Freund wäre, ein Lebewesen, mit dem du kommunizieren kannst und es ist, als ob Energie, Kraft und Stärke als Fluss in dein Leben treten.

Du fühlst dich wohl, du fühlst dich voller Frieden, voller Harmonie und gleichzeitig spürst du das stetige Pulsieren des Lebens in dir und du spürst, wie dein Körper weich ist, dein Herz weit und offen ist. Du fühlst dich eins mit der Natur und du empfindest Liebe, eine allumfassende Liebe. Mit liebevollen Augen betrachtest du den Baum, den Himmel, die Wiese, den Bach, die Schmetterlinge, die Blüten, die Landschaft und da dein Herz so von Liebe durchzogen ist und du so viel Liebe ausströmst, kommt sie doppelt und dreifach aus dem Kosmos, aus der Natur zu dir zurück.

Du fühlst dich gesund. Du fühlst dich stark. Du fühlst dich harmonisch. Du fühlst dich kräftig und du fühlst so viel Liebe in dir, daß du jetzt sofort allen Menschen alles, was ist, verzeihen kannst.

Tu es, denke an Personen und Situationen, die der Verzeihung und Vergebung bedürfen. Sprich mit ihnen, verzeih ihnen. Verzeih und vergib auch dir.

Lass dir Zeit ... alles ist gut ... lass dir Zeit ...

Alles, was ist, ist gut. Du verstehst die Gesetze des Kosmos, die Gesetze der Natur und die Gesetze der Menschen und du fühlst dich eingebunden in einen Lichtstrom, durch den du Kraft schöpfen kannst. Du fühlst dich so intuitiv, so sensitiv, so kraftvoll und so stark. Du fühlst dich so voller Glauben, so voller Liebe und deine Augen leuchten, während du voller Glück die ganze Landschaft und die Natur betrachtest. Du bist auf einem herrlichen Grasteppich und du hast soviel Liebe in dir, daß du auch deinen Körper als schön empfindest. Dein Körper fühlt sich gesund an, er fühlt sich schön an und weich. Du genießt ganz einfach die Natur und du spürst den Austausch zwischen dir und ihr.

Lass es einfach wirken ... lass es wirken ...

Du spürst und du fühlst dich ganz nahe bei Gott, du fühlst dich in Gott und du spürst und erkennst, dass alles was ist, richtig ist. Du spürst, dass alles was ist, auf seinem Platz ist. Du spürst, dass alles was ist, zur rechten Zeit geschieht und du spürst etwas in dir, das man Vertrauen nennt, wie das Urvertrauen eines kleinen Kindes. Du spürst den Einklang der Natur in dir und mit dir. Denn du spürst, dass alles ein Geben und Nehmen ist. Du spürst den Austausch und du spürst den Kreislauf und du weißt: in dir ist Liebe, in dir ist Frieden, in dir ist Gesundheit, in dir ist Harmonie, in dir ist Gott, in dir ist Natur, in dir ist Wunder, in dir ist Stärke, in dir ist Mut, in dir ist Liebe, in dir ist Kraft und Leben.
Und alles was ist, es ist, und du spürst, dass du bist. Du bist eins mit allem und alles bist du und du weißt, du bist im Fluß, getragen von dem großen breiten Strom, den du Leben nennst.
Genieße es und spüre Dankbarkeit für dein Sein. Lasse

dir ein wenig Zeit, empfinde und spüre dich, fühle dich atmen, fühle dich leben.

Lass dir Zeit ... lass dir Zeit ...

Und nun gehe den Weg zurück. Nimm die Klarheit, die Kraft und die Stärke mit. Langsamen Schrittes gehst du durch die Wiese und wieder spürst du das sanfte weiche Gras an deinen Beinen. Du atmest die klare, reine Luft, du empfindest die Faszination und deinen Einklang mit der Natur. Du spürst, wie die Sonne dich wärmt, wie sie dir Kraft und Stärke schenkt.

Du machst jetzt die letzten Schritte auf der Wiese und kommst gemächlich bei der Treppe mit den sechs Stufen an. Leicht, locker und gelöst gehst du jetzt zu der Stufe eins.

Du fühlst dich gesund. Du fühlst dich frei. Du fühlst dich großartig. Du spürst den Frieden, die Ruhe und die Harmonie in dir und gehst jetzt auf die Stufe zwei.

Du fühlst dich gesund. Du fühlst dich frei. Du fühlst dich großartig. Du wirst allmählich wacher und kommst jetzt auf die drei.

Du fühlst dich gesund. Du fühlst dich glücklich. Du fühlst dich frei. Deine Augenlider blinzeln. Du wirst wach. Du kannst deine Glieder bewegen. Reck dich und streck dich und geh hoch zu der vier.

Du fühlst dich gesund. Du fühlst dich frei. Du fühlst dich großartig und die nächste Stufe ist die fünf.

Öffne die Augen. Du bist im Hier und Jetzt, voll da, bei der Zahl sechs.

Du bist hellwach und erfrischt. Du fühlst dich gesund. Du fühlst dich frei. Du fühlst dich großartig.

Partnerschaft – Beruf – Gesundheit

Die geführte Energiearbeit dient der Sichtbarwerdung Ihrer Blockaden in Partnerschaft, Beruf/Berufung und Gesundheit. Durch das selbständige Arbeiten daran wird der Körper mit seinen Emotionen und seinem Ballast geklärt und eine Verbindung, ein Fluss der immateriellen Wirklichkeit in die tatsächliche Realität hergestellt.

Mach einfach die Augen zu, setze dich ganz entspannt hin und lasse alle Energie einfach fließen. Atme tief ein und wieder aus, richtig ein- und wieder ausatmen.

Und jetzt spürst du, wie die Energie durch deine Füße hochkriecht. Du spürst, wie die Füße warm werden und du spürst, wie sie sich entspannen.

Die Energie fließt weiter durch die Waden und sie fließt durch deine Oberschenkel und sie fließt und strömt in den Bauchbereich hinein. Und du spürst, wie durch die Fußchakras immer neue Energie richtig dosiert nachfließt.

Und du spürst, wie sich diese Energie im Bauchbereich ausbreitet und es ganz wohlig warm wird, richtig schön warm. Diese Energie ist weiß und sie heilt. Sie heilt die Organe im Körper und löst alle Blockaden und Spannungen. Und du spürst, wie diese weißgoldene Energie immer wieder durch deine Fußchakras nachfließt, wodurch der ganze Körper ganz leicht, warm und weich wird. Langsam steigt diese Energie und füllt deinen Brustbereich aus.

Raum und Zeit sind aufgehoben und alles, was geschieht,

ist gut – und du musst nichts wollen, du musst nichts sollen. Spüre nur die Energie, die deinen Körper heilt und sich mit allem, was ist, mit allem, was rein ist, verbindet. Und du spürst, wie sie auch den Brustkorb reinigt und heilt und dein Atem ganz leicht und flach wird.

Du sinkst einfach ab, tiefer und tiefer und du genießt es. Du fühlst dich wohl und geborgen, denn du bist eingehüllt in ein stabiles Feld aus Energie.

Und du spürst weiter, wie diese Energie ganz entspannend durch deine Arme und durch deine Hände fließt. Und du spürst diese Energie, wie sie über deinen Hals und weiter in den Kopfbereich steigt.

Und du fühlst, wie dein Gesicht ganz leicht, angenehm und wohlig kribbelt. Und du spürst diese Energie und gleichzeitig, dass dein Gesicht sich wie von selbst entspannt. Dein ganzer Körper ist entspannt.

Und jetzt nimmst du diese Energie wahr, wie sie aus dem Scheitelchakra in den Kosmos hinausfließt. Raum und Zeit sind aufgehoben und du bist im kosmischen Fluss, eingehüllt in ein stabiles Feld aus Energie.

Du stehst jetzt an der Treppe mit den sechs Stufen. Du bist an der obersten Stufe und trittst hinunter auf die Stufe mit der Nummer fünf. Und bei jedem Schritt sinkst du tiefer.

Du entspannst dich mehr und mehr und gehst noch einen Schritt hinunter, auf die vier.

Du spürst, wie die Energie fließt, wie sie heilt, wie sie reinigt und wie gut sie deinem Körper tut. Du gehst noch eine Stufe tiefer auf die drei und du spürst, wie Raum und Zeit aufgehoben sind und dein Körper sich immer mehr entspannt.

Tritt noch eine Stufe hinunter auf die zwei und du sinkst tiefer und tiefer und gehst noch eine Stufe hinunter auf die eins.

Und du sinkst noch tiefer. Dein Geist ist wach, während dein Körper schläft. Und du hörst alles und du siehst alles mit deinen inneren Augen. Und alle Geräusche, die du von außen wahrnimmst, verstärken einfach nur noch deine Entspannung.

Jetzt stehst du unten an dieser langen Treppe mit den Stufen. Genau vor deinen Füßen erstreckt sich ein herrlicher, sandiger Weg.

Geh ein paar Schritte. Die Sonne scheint. Es ist ein angenehm warmer, blauer Sommertag. Du fühlst dich wohl, du fühlst dich erfrischt und du bist voller Elan und Tatendurst.

Laufe ein Stück des Weges entlang und rechts vor dir siehst du ein Gebäude aus hellem Stein. Es sieht aus wie eine Kuppel, wie ein alter Tempel: du sieht jetzt dein eigens für dich geschaffenes Gebäude. Es ist geräumig und es zieht dich magisch an.

Geh nun zu diesem Gebäude und betritt es. Eine angenehme Kühle schlägt dir entgegen. Deine Augen gewöhnen sich schnell an das gedämpfte Licht. Vor dir ist eine Art Altar, auf dem drei größere Röhren liegen. Im Moment hast du das Gefühl, dass sie einfach nur daliegen. Aber dir ist klar, dass du mit einem bestimmten Anliegen in das Gebäude hineingegangen bist. Gehe nun auf diese Röhren zu und stelle sie senkrecht auf diesem Altar auf.

Im Moment sind sie noch ganz leicht, denn Raum und Zeit sind aufgehoben, so wie die Schwerkraft. Und diese großen Röhren, diese säulenartigen Röhren stehen als Symbol für unsere Wünsche, unsere Manifestationen.

Nun hast du diese drei Röhren auf dem Altar aufgestellt. Es fehlt nur noch die Bezeichnung. Sieh dich um und du wirst einen großen, bunten Stift finden, mit dem du diese Röhren beschriften kannst.

Schreibe auf die mittlere Röhre: »Optimale Partnerschaft«. Alle Geräusche, die du hörst, verstärken einfach nur noch deine Entspannung. Alles, was ist, ist gut.
Dann geh zu der rechten Röhre und schreib darauf: »Meine Berufung«, oder einfach: »Berufung«, die du erkennen willst und die du dann verwirklichen willst. Das sind deine Begriffe.
Und auf die linke Röhre schreibst du: »Gesundheit«, und mit ganz großen Buchstaben dazu: »Heilsein«.

Da du nun deine Röhren sehr sorgfältig beschriftet hast, werden diese – auch später in der Realität – immer, wenn du die Augen schließt, für dich sichtbar und greifbar sein. Du kannst dann, wenn du willst, jederzeit mit ihnen arbeiten und dich dadurch selbst kontrollieren und positiv beeinflussen. Raum und Zeit sind aufgehoben, und sie werden immer für dich greifbar sein.

Und jetzt, schau mal, sieh nach, wie die Gesundheitsröhre aussieht und was Heilsein ist. So, und nun die Überraschung, es ist ganz einfach. Du hast so viel Energie, Kraft und Willen. Schau diese Röhre jetzt genau an und befehle ihr, dass sie sich mindestens einen halben Meter von dem Altar weg in die Höhe bewegt und ganz frei schwebt. Durch die Kraft deiner Gedanken und durch deine Bitte wird dies augenblicklich geschehen.

Raum und Zeit sind aufgehoben und alles, was geschieht,

ist gut. Du kannst jetzt durch die Röhre schauen, von unten nach oben. Sieh genau hin, sieh hindurch.

Falls sie verschlossen ist, falls sich Gestrüpp darin befindet, falls Knötchen darin sind, dann lass dir bitte etwas einfallen, um sie zu reinigen. Du kannst dazu alles verwenden, was du willst.

Und jetzt arbeite, mach dich an die Reinigung, während weiterhin Energie durch deinen Körper fließt. Du nimmst weiterhin Energie auf und bleibst völlig entspannt. Gleichzeitig werden dir Gedanken eingegeben, was du für deine Gesundheit und dein Heilsein tun solltest. Putze die Röhre für deine Gesundheit und dein Heilsein. Mach es gut!

Lass dir Zeit ...

Du kannst dir selbst etwas versprechen, was du für deine Gesundheit tun willst, und sehen, ob sich die Röhre dann von selbst reinigt, allerdings nur, wenn du bereit bist, dieses Versprechen im Leben wirklich zu deinem eigenen Besten zu halten. Auch wenn du es jetzt nicht schaffst, diese Röhre blitzblank zu bekommen, so hast du doch jederzeit die Möglichkeit, auch weiterhin daran zu arbeiten.

Lass dir Zeit ... putze deine Röhre gut ...

Und nun bitten wir das Licht und die Energie des Kosmos, dass sie sich von oben nach unten in die Röhre ergießen. Du bittest jetzt das kosmische Licht und die Energie mitzuhelfen, dass deine gesundheitliche Röhre ganz blank wird. Und du spürst die Energie, die durch diese Röhre von oben nach unten fließt und sich über dich ausschüttet und dich einhüllt wie ein Netz aus Milliarden feinster Tropfen. Diese Energie hüllt dich ein in ein ganz stabiles, elastisches Netz aus Kraft und Stärke. Und jetzt spürst du, wie diese Energie nicht nur von unten durch deine Fußchakras, sondern auch von oben durch deinen Kopf in dich hineinfließt. Und du spürst, wie gesund du bist und wie gut es dir geht und du dankst für das, was du geschafft hast.

Und nun gehe zu der rechten Röhre, auf welcher steht, »Meine Berufung erkennen und verwirklichen«. Wiederhole jetzt das gleiche Spiel. Bitte in Gedanken darum, dass sich diese Röhre mindestens einen halben Meter über den Altar erheben möge, damit du von unten nach oben durchgucken kannst, wie nahe du bereits deiner Berufung gekommen bist und was du noch alles dafür tun musst.

Es wird jetzt etwas ganz Interessantes passieren. Fang an, sie zu putzen und je mehr du putzt und je mehr herausfällt, desto mehr wirst du an den Symbolen erkennen, was zu tun oder zu lassen ist.

Lass dir Zeit ... alles, was geschieht, ist gut ...

Du hast die Zeit, diese Röhre richtig schön blank zu putzen. Sollte sie schon blitzen, so befindest du dich auf dem allerbesten Weg. Wenn nicht, so wirst du erkennen, ob du mit deinen Gedanken, mit deinen Wünschen auf dem richtigen Weg bist. Sieh zu, dass du deine Röhre wirklich blank bekommst. Alles was darin ist und nicht hineingehört, muss heraus. Es können Symbole sein, es kann alles Mögliche sein, was noch im Wege steht. Du kannst es jetzt herausputzen.

Erschrick nicht über die Dinge, die herausfallen. Alles, was deiner Berufung, deiner Verwirklichung im Wege steht, das wird jetzt heil und es fällt durch das Putzen einfach heraus. Die Entscheidung, was du damit machst, kommt später.

Raum und Zeit sind aufgehoben, du bist völlig entspannt und das Energiefeld ist stabil. Auch wenn du noch nicht alles sauber hast, so bekommst du noch oft genug die Zeit, es zu tun. Rufe dir jetzt das kosmische Licht und die kosmische Energie zusammen mit dem göttlichen Plan und bitte darum, diesen göttlichen Plan, diese Energie und dieses Licht nach unten durch die Röhre fließen zu lassen. Und sieh, wie ganz viel Licht, ganz starke Energie von oben nach unten zu dir durchdringt. Du spürst das Wissen, dass durch dich dringt, du erkennst oder erhältst Symbole. Du spürst dieses Licht und du spürst die Energie, die durch diese Röhre von oben nach unten fließt und sich über dich ergießt.
Das, was du jetzt nicht sofort wahrnehmen oder erkennen kannst, wird sich in deinen Träumen und in den nächsten Tagen für dich offenbaren. Und du spürst das Licht und die Energie, die durch deinen Körper fließen, wie sie reinigen und die Wunden heilen lassen und dich die verworrensten Angelegenheiten erkennen lassen, auch deine wirklichen Wünsche, deine wahre Berufung, und dir den Weg weisen, die Dinge zu verwirklichen.

Danke dafür und wende dich nun der letzten Röhre zu, deiner optimalen Partnerschaft. Sieh sie an und erkenne, wie wichtig sie ist. Bitte und fordere sie auf, einen halben Meter über dem Altar zu schweben.
Und nun sieh von unten hinein und gerne würdest du von oben Licht, helles freifließendes Licht erblicken. Doch du weißt, was du jetzt zu tun hast.
Fang an, sie zu putzen. Raum und Zeit sind aufgehoben

und Energie ist im Überfluss vorhanden. Und mit Begeisterung machst du dich an diese Arbeit. Du schrubbst und du putzt.

Lass dir Zeit ... alles, was geschieht, ist gut ...

Und wenn du deine Röhre schon ziemlich frei hast, kannst noch ganz viele Herzchen und Liebe hineingeben und sie ganz blank polieren. Und du putzt und schrubbst, damit es ein offener Kanal wird. Ein Kanal zu dem Fluss, durch den die optimalen Partner in dein Leben treten können. Mach deine Röhre der optimalen Partnerschaften ganz sauber und sieh erstaunt zu, was alles herausfällt.

Und jetzt bitte das kosmische Licht und die Energie, von oben mitzuhelfen. Die Energie ist sehr stark, das Licht ist heilend und es schließt die kleinen Wunden und die kleinen Narben, die die Röhre an den Innenwänden hat, es schließt die kleinen Risse und es glättet. Und das Licht hilft dir, deine Röhre blank zu polieren, so lange, bis sie ganz blank ist.

Lass dir Zeit ... alles, was geschieht, ist gut ...

Und wenn du jetzt von unten nach oben siehst, dann blickst du in ganz, ganz helles Licht und du stellst dir vor, dass du all das erhältst, was du dir wünschst. Die Röhre ist frei. Sie ist hell. Sie ist licht.

Und siehe da, alles fließt jetzt frei und leicht auf dich hinab. Du genießt die optimale Partnerschaft, so wie du es gerne hättest oder du hast eine große Überraschung erhalten.

Nimm alles an, denn alles, was geschieht, ist gut.

Sollte es noch nicht ganz perfekt sein, so hast du die Möglichkeit, jeden Tag und jederzeit daran zu arbeiten. Weiterhin fühlst du die kosmische und heilende Energie fließen und du fühlst dich großartig und gut.

Wende dich nun zum Gehen und tritt hinaus. Gehe den Weg zurück. Fühle dein Sein, spüre dich. Höre den Vögeln zu. Atme die klare Luft und sieh die Farbenpracht ringsherum. Spüre, dass du lebst.

Leicht, locker und gelöst gehst du nun die letzten Schritte zu der Treppe und kommst jetzt zu der Stufe eins.

Gehe hoch zu der zwei.

Du fühlst dich glücklich und frei, voller Lachen und Heiterkeit gehst du hoch zu der drei und alles Bedrückende, alles Schwere was war, ist vorbei.

Du bist frei. Voller Lachen, voller Glück und voller Heiterkeit wirst du jetzt langsam wach und gehst weiter hinauf auf die vier.

Du fühlst dich glücklich und frei. Fang an, deine Glieder zu recken, zu strecken und geh hoch auf die fünf.

Blinzle mit den Augen, mach sie auf und sei voll und ganz im Hier und Jetzt mit der Zahl sechs.

Du fühlst dich glücklich, du fühlst dich frei, du fühlst dich großartig!

Lichtreise

Diese Arbeit dient als Tranformationsprozess des Körper bzw. der Aura. Durch Lichtenergie wird eine Klärung und Reinigung bewirkt. Gleichzeitig werden, auf Wunsch, dem Betreffenden Lösungen für besondere Fragen zum Wohle aller Beteiligten angeboten.

Mach es dir bequem, sei völlig entspannt, ganz entspannt, ruckel' dich noch ein bisschen zurecht, schließe die Augen und schalte ab. Deine Gedanken sind wie kleine weiße Wölkchen, die einfach vorbeiziehen. Lass sie ziehen. Du brauchst sie nicht zu beachten. Du brauchst sie nicht zu werten, denn du wirst jetzt eine kleine Reise machen.

Die liebevolle Energie deines höheren Selbst hilft dir, besser auf die verschiedenen Ebenen zu kommen. Du fühlst jetzt diese Energie an der Stirn, an den Schläfen und am Hinterkopf. Sie fühlt sich sanft, warm und leicht prickelnd an.

Du kannst fühlen, wie die Energie fließt und mit diesem herrlich leichten Fluß der Energie fließt alles an Schwere aus deinem Körper heraus – alles Schwere fließt heraus.

Alles, was geschieht, ist gut und die Energie fließt von deinem Kopfbereich über deinen Brustbereich und es wird angenehm und wohlig warm.

Und sie fließt weiter durch die Arme und in den Bauchbereich. Alles fühlt sich angenehm und warm an. Die Energie fließt und du verspürst überall ein wohliges Kribbeln.

Dein Körper ist völlig entspannt. Völlig entspannt und locker genießt du noch das Hier und Jetzt. Und alle Geräusche, die du hörst, verstärken nur noch deine Entspannung.

Du sinkst ab und du entspannst dich immer tiefer und fällst einfach ab. Raum und Zeit sind aufgehoben – Raum und Zeit sind aufgehoben und du sinkst einfach tiefer, während sich dein Körper immer mehr entspannt.

Die Energie breitet sich jetzt im Beckenbereich aus und fließt durch die Oberschenkel in die Unterschenkel und durch die Füße in den Boden hinein, während sie durch dein Scheitelchakra immer weiter nachfließt.

Somit ist der Kreislauf geschlossen. Raum und Zeit sind aufgehoben und das Energiefeld ist stabil.

Du bist entspannt, völlig entspannt und du befindest dich jetzt an der Treppe mit den sechs Stufen, die nach unten führen. Du steht auf der obersten Stufe und trittst hinunter auf die Stufe fünf.

Mit jedem Schritt, den du nach unten gehst, spürst du, wie du immer tiefer sinkst, tiefer und tiefer. Und du trittst noch einen Schritt hinunter auf die vier.

Dein Geist ist wach und klar, während dein Körper schläft. Er wird gespeist von der weißgoldenen Energie. Alle Prozesse haben sich reduziert. Tritt hinunter auf die Stufe drei und sinke tiefer und immer tiefer.

Geh weiter hinab auf die Stufe zwei und spüre, wie die Energie sich verändert, wie sie klarer und reiner wird.

Tritt hinunter auf die Stufe eins und sieh vor dir eine Plattform.

Und wenn du nach links oder rechts siehst, so kannst du deine geistigen Helfer und deinen Schutzengel auf dich zukommen sehen. Begrüßt euch und spüre die Freude und den Frieden sie auf dieser Ebene richtig zu sehen und mit ihnen sprechen zu können. Spüre die Energie, die deine geistigen Helfer und dein Schutzengel haben.

Deine geistigen Helfer und dein Schutzengel werden dich ein Stück des Weges begleiten. Sieh vor dir eine wunderschöne Wiese mit blühenden Blumen und herrlichen Pflanzen und einem sehr einladenden Sandweg. Er ist groß und breit und du hast mit deinen geistigen Helfern genügend Platz, um diesen Sandweg entlangzugehen, was du jetzt auch tust. Höre, wie die Vögel zwitschern. Spüre die frische Luft, fühle die Strahlen der Sonne, spüre die Lebensenergie und geh mit deinen geistigen Helfern den Weg entlang, diesen wunderschönen Weg.

Zu deiner Linken siehst du auch noch einen kleinen Bach, der leise vor sich hinplätschert. Das Wasser ist klar, es ist rein und du genießt diese ganze herrliche Atmosphäre.

Deine Augen richten sich in die Ferne und du siehst einen runden Kuppelbau, der im hellen Sonnenlicht ganz metallisch schimmert. Du weißt intuitiv, das ist das Ziel. Es ist euer Ziel und ihr geht darauf zu. Deine Schutzengel und deine geistigen Helfer begleiten dich, sie freuen sich mit dir auf das, was kommt.

Du spürst ihre Liebe und ihre Anerkennung, die Wärme, die sie dir geben und du bist froh, dass du dich so gut mit ihnen unterhalten kannst.

Und jetzt bist du bei dem Kuppelbau angelangt und trittst in das Innere. In der Mitte ist so etwas wie ein ganz großes Taufbecken, in dem Wasser sprudelt. Und dieses Wasser sieht aus, als ob es reine Energie wäre. Spontan gehst du auf dieses Becken zu, entledigst dich deiner Kleider und stellst dich in die Mitte dieses Beckens.

Du hebst deine Arme und spürst sogleich, wie du in einen Strahl aus Licht eingehüllt bist. In einen Energiestrahl aus Licht, der deinen Körper umhüllt und du spürst und weißt, daß dieses Wasser reine Energie ist.

Spüre und sieh, wie deine Aura und dein Körper gereinigt werden und spüre diese Energie durch dich und um dich herum. Spüre sie in dich eindringen und spüre, wie alle Blockaden und Emotionen hinausgeschwemmt werden, zu den Füßen hinaus. In dem Wasser, das sich wie Energie anfühlt, werden sie aufbereitet und gereinigt. Es ist das Wasser des Lebens und du bist von dem Strahl des Lichtes umhüllt.

Und nun sieh, wie das Licht sich verändert, wie es warm und weich wird und wie es liebevoll wird und spüre, wie es deinen Körper streichelt und deine Organe sanft umspült. Spüre, wie dieses warme weiche Licht, in dem sehr viel Liebe ist, durch deinen Körper fließt, ganz gleichmäßig fließt. Du weißt, es ist die Liebe Gottes, die dich umhüllt und es ist das Licht Gottes – es ist das, was in dir ist und um dich herum ist. Alles wird jetzt sichtbar und du spürst und du siehst, wie sich deine Aura reinigt, wie sie sich glättet, wie alle dunklen Schatten aus deiner Aura verschwinden. Alle Emotionen lösen sich. Da, wo vorher die Probleme waren, ist nur noch Liebe, ist nur noch Friede.

Dieses Licht, es ist weiß, es ist golden, es ist rosa und du spürst, dass dieses Licht eine wundervolle Kraft hat und du fühlst dich beschützt und bist beschützt in Körper, Geist und Seele. Du bist eingehüllt in diesen wundervollen Lichtstrahl, der durch dich und um dich herum fließt wie ein großer goldener Strahl, verbunden mit dem Kosmos, mit der höchsten Macht.

Es ist alles nur das, was in dir ist und um dich ist, es ist die Kraft und die Macht Gottes. Du fühlst dich beschützt, du fühlst dich frei, du fühlst dich sicher. Und du weißt, alles, was du von nun an tust, wird richtig sein, denn du fühlst dich auch im Jetzt beschützt, sicher und geborgen. Du wirst geleitet und du spürst, wie das Licht durch dich hindurchfließt und wo immer du bist, da ist dieses Licht, da sind Gott, deine Schutzengel und deine geistigen Helfer.

Du spürst, wie du gereinigt wirst, wie alles aus deinem Körper, alles aus deiner Aura hinausgeschwemmt wird. Alle Blockaden, alle Emotionen.

Da du nun gereinigt und energetisch aufgeladen bist, trittst du wieder aus diesem schönen großen Wasserbecken heraus.

Mit Freude siehst du, dass dein Schutzengel neue Kleider für dich bereithält. Er gibt dir jetzt, entsprechend deiner Reinigung, schöne neue Kleider.

Die Farben der Kleider sind für dich wichtig. Bitte merke sie dir. Kleide dich an und zieh dich noch mit deinen geistigen Helfern in eine der kleinen Nischen des Raumes zurück. Genieße einfach ihre Wärme, ihre Nähe. Sie haben noch ein besonderes Geschenk für dich. Lass es dir geben, denn es geht um die Lösung eines Problems, das du hast. Frage sie nach der besten Lösung zum Wohle aller Beteiligten. Nach einer Lösung in Liebe und Harmonie. Sprich mit ihnen – du hast alle Zeit der Welt – sprich mit ihnen, höre einfach hin, was sie zu sagen haben. Genieße ihre Nähe, ihre Liebe, ihre Fürsorge.

Lass dir Zeit ... alles, was geschieht, ist gut ...
Stelle wichtige Fragen, denn auf dieser Ebene kannst du sie hören, fühlen und sehen.

Lass dir Zeit ... alles, was geschieht, ist gut ...

Raum und Zeit sind aufgehoben und alles, was geschieht, ist gut. Du musst nichts wollen, du musst nichts sollen. Alles, was mitgeteilt wird, ist gut. Und nun bedanke dich bei deinen Schutzengeln und geistigen Helfern. Erhebe dich und tritt hinaus ins Freie.

Du spürst, wie die Luft noch klarer geworden ist, wie dein Kopf frei ist und wie sich dein Körper leicht anfühlt. Du spürst die Freude in dir. Mit klarem Blick siehst du die Wiese und den Weg und freust dich über die schönen, intensiv leuchtenden Farben. Fast andächtig hörst du die Vögel jubilieren. So viele Kleinigkeiten fallen dir auf, die du vorher gar nicht gesehen hattest und du bist rundherum glücklich und strahlst Freude und Frieden aus.

In dir sind Harmonie und stiller Frieden. Langsam gehst du den Weg zurück. Du genießt jeden einzelnen Schritt, den du setzt und bedankst dich bei deinen geistigen Helfern und Schutzengeln für die wundervolle Begleitung, für all ihre Hilfe, für all das, was immer sie für dich tun. Ganz tief in deinem Herzen weißt du um die Wahrheit, sie sind immer bei dir. Immer, jederzeit, jeden Tag, jede Nacht, auch dann, wenn du es nicht wahrnehmen kannst.

Langsam näherst du dich der Treppe und diesmal bittest du deine geistigen Helfer mit hochzukommen, weil du anhand der Energien spüren möchtest, wie sie sich im Alltag anfühlen.
Tritt auf die erste Stufe und wisse, dass du jetzt zurückkommst. Geh eine Stufe höher auf die zwei.
Spüre, wie die Energie sich verändert. Du fühlst dich sicher, du fühlst dich frei. Du bist gesund und gehst jetzt hoch auf die Stufe drei.

Du spürst deinen Körper, du spürst, dass du lebst und gehst hoch auf die Stufe vier.

Du spürst deinen Geist und deine Muskeln. Fang an, dich zu recken und zu strecken und geh hoch auf die Stufe fünf.

Immer noch ist die Energie deiner Schutzengel und deiner geistigen Helfer bei dir. Du spürst sie, du fühlst sie und du gehst hoch auf die Stufe sechs.

Du bist ausgeruht, es geht dir gut. Du bist im Hier und Jetzt. Ausgeruht, frei, sicher und gesund und immer noch fühlst du die Energie deiner geistigen Helfer.

Weg der Wahrheit

Diese Arbeit dient dazu Klarheit in den Gedanken zu er-
halten und Entscheidungen richtig einzuschätzen. Sie stärkt
und harmonisiert den Körper.

Bitte setze dich oder lege dich hin, sei entspannt. Entspanne deinen Körper, ruckel' dich noch ein wenig zurecht
und entspanne dich. Lass alle Glieder hängen, du musst
nichts sollen, du musst nichts wollen. Alles, was geschieht,
ist gut.
Und jetzt spüre eine sehr liebevolle Energie. Du spürst
diese liebevolle Energie an der Stirn, an den Schläfen und
am Hinterkopf. Du spürst, wie sie leicht kribbelt. Durch
dein Scheitel-/Kronenchakra tritt diese liebevolle weißgoldene Energie in dich ein und du spürst ein angenehmes
wohliges Kribbeln.
Du spürst, wie sich deine Stirn entspannt. Du spürst, wie
die Gesichtszüge schlaff werden. Du spürst, wie diese Energie durch deinen Kopf, durch deinen Hals hinab in den
Brustbereich hineinströmt. Du spürst diese weißgoldene,
heilende Energie.
Du spürst, wie es in deinem Brustbereich angenehm wohlig
und warm wird. Gleichzeitig spürst du, wie diese Energie
auch durch deine Schultern fließt. Sie entspannt deinen
Nacken und sie fließt durch deine Arme und Hände, und
deine Glieder werden warm und leicht.
Sie fließt weiter in deinen Bauchbereich und du spürst,
wie sie sich vollkommen ausdehnt. Du spürst, wie alle
Zellen umspült und durchspült werden. Du spürst es kribbeln und du weißt, es ist heilende Energie und diese En-

ergie breitet sich von deinem Bauch aus, weiter in deinen Beckenbereich hinein.

Sie fließt durch deine Oberschenkel, durch deine Unterschenkel in die Füße und damit wieder hinein in die Erde, denn sie fließt durch deine Füße wieder heraus.

Der stetige Fluß dieser liebevollen, weißgoldenen, heilenden Energie schließt den Kreislauf von Sein und Werden, von Tod und Leben und das Energiefeld ist stabil.

Raum und Zeit sind aufgehoben und du spürst das Kribbeln, das wohlige Kribbeln im ganzen Körper.

Du stehst jetzt an der Treppe mit den sechs Stufen, die nach unten führen. Von der obersten Stufe mit der Zahl sechs gehst du jetzt hinunter auf die Stufe fünf.

Und je weiter du abwärts gehst, desto mehr wird sich dein Körper entspannen – und du sinkst immer tiefer, immer tiefer. Alle deine Gedanken ziehen nur noch vorbei. Du brauchst sie nicht zu werten. Du brauchst sie nicht zu beachten und du gehst hinunter auf die Stufe vier.

Und du sinkst tiefer auf die Stufe drei.

Noch tiefer auf die zwei.

Du bist in Harmonie mit dir und deinem Sein und du gehst tiefer und tiefer auf die Stufe eins.

Komm herunter von der Stufe eins und spüre, wie du auf weichen, weißen Sand trittst. Du spürst den Sand unter deinen Füßen und schaust in die Ferne. Sieh dich um. Du wirst etwas entdecken: eine Gestalt, fast durchsichtig, sehr vertraut. Wenn du in ihre Richtung siehst, spürst du, wie dir Liebe entgegenströmt. Sehr viel Liebe und Frieden, Freude und Harmonie strömen zu dir.

Auf der rechten und linken Seite deines Weges siehst du vereinzelte Häuser. Sie interessieren dich aber nicht.

Etwas anderes, in nicht allzuweiter Ferne, erregt deine Aufmerksamkeit – eine Kreuzung, die deinen sandigen, wunderschönen und erholsamen Weg abrupt beendet.

Geh einfach weiter, bis du an diese Kreuzung kommst. Du stehst jetzt auf dem Weg und schaust nach rechts und nach links. Du weißt, du hast jetzt die Entscheidungsmöglichkeit, auf welchem Weg du weiter gehst.

Sieh dich um und du entdeckst die Wegweiser. Noch bist du unschlüssig. Auf dem nach rechts zeigenden Wegweiser steht geschrieben: Beruf, Vergnügen, Materie, Irdisch, Haus, Kinder, Partner. Alles Dinge, die zu deinem irdischen Leben gehören.

Lass dir Zeit ... alles, was geschieht, ist gut ...

Wieder erblickst du ein geistiges Wesen, das sich in dieser klaren Luft durch seine reine, hohe Energie nur schemenhaft abzeichnet. Dieses geistige Wesen ist einer deiner Helfer. Es steht an diesem Wegweiser und da du dir immer noch unschlüssig bist, wohin es gehen soll, rechts oder links, gehst du jetzt zu dem Wegweiser, der in die linke Richtung weist und da steht geschrieben: Geistige Entwicklung, Liebe geben, Selbstlosigkeit, Hilfsbereitschaft, Einheit, Freiheit, spiritueller Kontakt mit geistigen Helfern. Und auch hier wirst du wieder ein geistiges Wesen wahrnehmen, einen deiner geistigen Helfer, das ganz liebevoll und gelassen dasteht und auf deine Entscheidung wartet.

Lass dir Zeit mit deiner Entscheidung.

Lass dir Zeit ... alles, was geschieht, ist gut ... lass dir Zeit ...

Wenn dir diese Entscheidung schwerfällt, dann rufe deine beiden geistigen Helfer zu dir und bitte sie um ihren Rat, welches der für dich zu diesem Zeitpunkt richtige Weg ist.

Raum und Zeit sind aufgehoben und du weißt, alles, was geschieht, ist gut.

Du hast alle Zeit der Welt und bittest deine geistigen Helfer um Lösungsmöglichkeiten. Sie sind immer und jederzeit in der Lage dir zu helfen oder einen Hinweis zu geben, wie man ein Problem löst. Sie helfen dir bei deiner Entscheidung. Lass dir Zeit, denn Raum und Zeit sind aufgehoben und die Energie ist stabil.

Lass dir Zeit ... alles, was geschieht, ist gut ...

Solltest du jetzt zu keiner klaren Einigung mit deinen geistigen Helfern kommen, wirst du dies über Träume empfangen. Jedoch haben sich deine geistigen Helfer etwas Besonderes für dich ausgedacht. Sie wollen dich für die Arbeit und das Vertrauen, das du ihnen entgegengebracht hast, belohnen. Sie nehmen dich an die Hand und sagen, dass du die Augen richtig weit aufmachen sollst.

Tu es!

An der nächsten Biegung entdeckst du ein paar große Berge und hörst ein Rauschen, wie das eines Wasserfalls. Ja richtig: es ist ein Wasserfall. Und deine geistigen Helfer begleiten dich zu diesem Wasserfall.

Die Luft ist klar und herrlich frisch. Mit leichten, schwebenden Schritten bist du auch schon an dem Wasserfall angelangt.

Schnell ziehst du deine Kleider aus und stellst dich unter den Wasserfall. Voller Freude streckst du deine Arme in die Höhe. Ganz sanft streicheln und umschmeicheln die Wasserperlen deinen Körper. Tropfen für Tropfen. Dieses

Wasser ist wie reine Energie. Du spürst, wie dein ganzer Körper kribbelt. Du spürst die wundervolle Energie und du fühlst, wie dich das Wasser reinigt. Es dringt durch alle Poren deiner Haut und du spürst diese Energie, diese hellblaue, weißsilbrig schimmernde Energie des Wassers. Und du weißt, es ist heilend. Es schwemmt alle Belastung aus deinem Körper hinaus. Es reinigt und es heilt und du genießt es und auch deine geistigen Helfer erfreuen sich an deiner Freude. Dieses Wasser reinigt deinen Körper, deinen Geist und deine Seele.

Lass dir Zeit ... lass es fließen ...

Und nun komm heraus und sieh, wie deine geistigen Helfer am Ufer neue Kleider für dich bereithalten. Achte besonders auf die Farbe der Kleider, damit du sie nachher noch weißt, denn diese Farbe benötigst du als Unterstützung für deine Heilung. Sieh, wie wunderschön sie sind. Voller Freude trocknest du dich ab und ziehst deine neuen Kleider an und gehst mit deinen geistigen Helfern den Weg zurück.

Ihr kommt wieder an diese Kreuzung mit den beiden Wegweisern. Es steht so vieles darauf und du weißt jetzt, es hat alles keine Eile. Du weißt, du kannst alle Entscheidungen nacheinander treffen. Und du bist dir jetzt auch sicher. Du hast die freie Wahl! Und wie du deine Entscheidungen triffst, so sind sie richtig. All diese bewussten und unbewussten Antworten verdankst du deinen geistigen Helfern, die immer zu deiner Hilfe da sind.

Du bist in Freude und Dankbarkeit. Du fühlst dich gereinigt, frei, voller guten Mutes und gehst den sandigen Weg wieder zurück. Du siehst das satte Grün des Grases. Du empfindest die Bäume als fantastisch, als so schön gewachsen, als so reichhaltig und du siehst Schmetterlinge auf den Gräsern und in der Ferne hörst du einen kleinen Bach plätschern, den du vorher gar nicht wahrgenommen hast. Jetzt empfindest du alles voller Dankbarkeit und du gehst den Weg bis zu der Treppe zurück.

Nun verabschieden sich deine geistigen Helfer, die bis jetzt in sichtbarer Gestalt bei dir waren. Sie sind nach wie vor da, aber wenn du die Treppe hochgehst, wirst du sie nicht mehr so deutlich wahrnehmen können, da sie als Energiekörper in ihrer Dimension bleiben. Du verabschiedest dich und bedankst dich bei ihnen. Du umarmst sie in Liebe und Licht.

Du gehst hoch auf die erste Stufe und du weißt, du kommst irgendwie zurück. Geh höher auf die zwei.

Du fühlst dich gut, du fühlst dich frei und du gehst noch eine Stufe höher auf die drei, kraftvoll und voller Sicherheit.

Du weißt, du kennst alle richtigen Entscheidungen und du spürst jetzt wieder deinen Körper. Entschlossen gehst du hoch auf die Stufe vier.

Du spürst deine Glieder. Sie sind völlig entspannt, schlaff und angenehm.

Sei nicht so müde, geh hoch auf die Stufe fünf.

Reck dich und streck dich.

Und noch ein Schritt auf die Stufe sechs im Hier und Jetzt.

Sei da! Hellwach, putzmunter und völlig erfrischt!

Spiegel des Bewusstsein

Sollten Sie ab und zu an sich selbst folgende Fragen stellen, wie: Mache ich alles richtig, sind meine Entscheidungen dem Wohl aller Beteiligten gerecht, so dient diese Meditation Ihrer Bewusstseinserweiterung und Erkenntnis.

Setze oder lege dich hin und ruckel' dich noch ein wenig zurecht. Entspanne dich und lass deine Gedanken wie kleine weiße Wolken einfach dahinziehen. Du spürst das Licht, das dich umgibt und du spürst, wie der Körper sich entspannt und passiv wird. Körper lass los, entspanne dich.

Unter deinen Füßen befinden sich goldene Lichtbälle, ganz warme, goldene Lichtbälle. Du spürst, wie diese Lichtbälle ganz langsam durch die Füße und Unterschenkel nach oben wandern und wie sie sich ausdehnen. Du fühlst, wie sich dein Körper immer mehr entspannt und wie dieses Licht immer weiter den Körper hinaufwandert durch die Oberschenkel. Du fühlst, wie sich deine Beine total entspannen und ganz schlaff werden, und die weißgoldene Energie fließt weiter durch deinen Körper. Sie strömt jetzt durch deinen Bauchbereich und dein Bauchbereich entspannt sich und dein Sonnengeflecht wird wohlig warm. Du schaltest einfach ab.
Raum und Zeit sind aufgehoben und alles, was geschieht, ist gut. Du musst nichts wollen, du musst nichts sollen. Was geschieht, ist gut. Dabei spürst du, wie du dich völlig entspannst und immer tiefer sinkst. Du fühlst diese weißgoldene Energie, die heilend und reinigend ist, wie sie

durch deinen Beckenbereich und durch deinen Brustkorb nach oben fließt. Sie entspannt deinen Magen, deine Organe und du hörst das sanfte, leise Klopfen deines Herzens. Sanft, leicht und regelmäßig. Du spürst, wie der Körper schwer wird. Er wird schwer und leicht zugleich. Und diese weißgoldene Energie hat sich über deinen ganzen Brustkorb ausgebreitet und sie fließt durch deine Arme und entspannt sie. Du spürst, wie deine Arme schwer werden, schwer und leicht zugleich und jetzt fühlst du diese weißgoldene Energie, wie sie durch deinen Kopf nach oben steigt und durch dein Scheitelchakra wieder hinausfließt.

Du spürst, wie sich dein Gesicht entspannt. Alle Muskeln werden schlaff, ganz schlaff. Die Augenlider klappen herunter und die Stirn entspannt und glättet sich. Du bist in Ruhe und Harmonie und spürst den Strom der Energie. Diese weißgoldene, heilende Energie strömt durch deinen Körper, reinigt und heilt ihn.

Raum und Zeit sind aufgehoben und alles, was geschieht, ist gut. Du musst nichts sollen, du musst nichts wollen, alles, was geschieht, ist gut.

Entspannt und in Harmonie stehst du jetzt an der Treppe mit den sechs Stufen. Du trittst von der obersten Stufe hinunter auf die fünf und mit jedem Schritt, den du nach unten gehst, sinkst du immer tiefer und tiefer.

Raum und Zeit sind aufgehoben und alles, was geschieht, ist gut. Du musst nichts wollen, du musst nichts sollen, alles, was geschieht, ist gut. Und du trittst jetzt hinunter auf die Stufe vier und du sinkst tiefer und tiefer hinunter auf die Stufe drei. Und noch einen Schritt hinunter auf die zwei. Du fällst tiefer und tiefer und du spürst, wie die Energie sich verändert, wie sie klarer wird, wie sie reiner wird und du trittst jetzt hinunter auf die Stufe eins.

Vor dir siehst du eine wunderschöne Wiese. Durch

diese Wiese führt ein Sandweg, den du ein Stückchen entlanggehst.

Höre, wie die Vögel zwitschern, sieh, wie die Blumen blühen, betrachte die satten Farben und genieße die frische, klare Luft. Geh weiter diesen Weg entlang. Sieh die Bäume, diese alten, wunderschönen Bäume, und stelle dir vor, alles ist Energie, alles ist Licht und alles ist Realität. Spüre die kraftvollen Sonnenstrahlen, wie sie sich mit dieser weißgoldenen Energie verbinden und wisse, dass du stark bist.

Geh noch ein Stückchen weiter diesen wunderschönen Weg entlang und du wirst in der Ferne eine Stadt auftauchen sehen mit weißen Häusern, eine mittelgroße Stadt mit einer außergewöhnlichen architektonischen Bauweise. Doch diese Stadt ist von Mauern umgeben, so wie es vor Jahrhunderten üblich war. Langsam näherst du dich einem der Tore. Davor steht ein Wächter, der diese seine Stadt bewacht. Doch du kennst ihn. Unterhalte dich mit ihm und bitte ihn um Einlass.

Lass dir Zeit ... alles, was geschieht, ist gut ...

Lass dir Zeit ... du hast alle Zeit der Ewigkeit ...

Nachdem du das Richtige zu ihm gesagt hast, wirst du durch die Stadttore in das Innere der Stadt gebeten.

Gemächlich schlenderst du durch die Gassen und bewunderst die farbenprächtigen Bauten bis du zum Mittelpunkt dieser Stadt kommst: Ein großes, strahlendes Gebäude. Du siehst daran hoch und entdeckst in goldenen Lettern den Schriftzug »Bibliothek«. Auch diese Bibliothek ist bewacht.

Du blickst dich um und freudestrahlend entdeckst du dein höheres Selbst, das vor der Bibliothek hier auf dich wartet. Liebevoll begrüßt ihr euch, und wie selbstverständlich geleitet es dich hinein.

Eine angenehme Kühle, gepaart mit einem Gefühl der Ehrfurcht umhüllt dich, als du in den Saal geführt wirst.

Als erstes erblickst du zwei ungewöhnlich große, faszinierende Spiegel. Außer diesen sind noch Regale mit Büchern vorhanden. In der Mitte des Raumes steht ein schönes, altes, handgearbeitetes, großes Pult, auf dem noch ein aufgeschlagenes Buch liegt. Jedoch führt dich dein höheres Selbst erst zu den Spiegeln.

Zwei wunderschöne große Spiegel. Einer der beiden ist in einen schwarzen Rahmen gefasst, während der andere einen weißen Rahmen hat. Dein höheres Selbst zeigt dir zuerst den Spiegel mit dem schwarzen Rahmen.

Es ist der, in dem du dich so siehst, wie du wirklich bist, ohne Masken und ohne Fassaden.

Du wirst die nächsten Jahre überblicken können, so wie du dich veränderst und entwickelst. Achte auf deine Aura, denn du kannst sie sehen. Achte darauf, wie du dich fühlst, wie du dich benimmst und was du tust.

Du hast jetzt Gelegenheit, einige Zeit mit deinem höheren Selbst vor diesem Spiegel zu verbringen. Indem du hineinschaust, erkennst du dich, wie du tatsächlich bist, wohin du dich entwickelst und in welchen Bereichen du an dir und mit dir arbeiten sollst. Bitte dein höheres Selbst, dir die Dinge zu erklären, die dir jetzt nicht verständlich sind.

Lass dir Zeit ... alles, was geschieht, ist gut ...

Du musst nichts wollen, nichts forcieren, nichts sollen, alles, was geschieht, ist gut ... Raum und Zeit sind aufgehoben, lass es einfach geschehen.

Nun geh weiter zu dem nächsten Spiegel. Es ist der Spiegel der Erkenntnis. Etwas ganz Besonderes, denn er ist von einem weißen, schimmernden Rahmen eingefasst.
Stelle dich davor auf und sieh hinein. Du wirst das sehen, was deine Seele sich hier in deinem irdischen Leben als Ziel gewählt hat, in der geistigen oder auch in der irdischen Entwicklung.
Achte auf deine Farben, achte auf deine Kleidung, auf die Dinge, die du tust, achte darauf, wie du aussiehst.

Lass dir Zeit ... alles, was geschieht, ist gut ...

Es ist der Spiegel der Erkenntnis, deines höchsten irdischen und geistigen Zieles in dieser Inkarnation. Bitte dein höheres Selbst um Hilfe und um Auskunft.

Raum und Zeit sind aufgehoben, alles, was geschieht, ist gut, lass es einfach geschehen. Du musst nichts wollen, du musst nichts sollen, alles, was geschieht, ist gut.

Schau in den Spiegel der Erkenntnis und danke deinem höheren Selbst für die Hilfe, die du erhalten hast. Du hast so eine Fülle an Informationen bekommen, die du jederzeit im täglichen Leben verwenden kannst. Solltest du Geschehnisse und Bilder gesehen haben, die dir noch verschlossen geblieben sind, so sei gewiss, dass alles, was ist, gut ist. Du wirst die Lösungen des Nachts in deinen Träumen oder in den nächsten Tagen durch alltägliche Situationen erhalten.

Danke deinem höheren Selbst, dass es dich auf diesem Weg begleitet hat und entferne dich wieder aus dem Saal. Verlasse die Bibliothek und tritt in ganz helles Sonnenlicht.

Du siehst die malerische Stadt vor dir, die zauberhafte Landschaft, die Häuser, eingebettet in diese wunderbare fantastische Ebene. Du fühlst dich glücklich. Du fühlst dich frei, denn du wurdest ganz reich beschenkt. Du lässt dein höheres Selbst in dieser materiellen Form in der Stadt zurück, doch du weißt, dass es in dir integriert ist.

Geh nun den Weg zum Stadttor zurück. Tritt wieder hinaus und du stehst auf dem Feldweg. Bedanke dich bei dem Wächter, der dir Einlass gewährte, und setze deinen Weg zur Treppe fort.

Erfüllt von tiefem Frieden und mit klarem Blick empfindest du die satten, leuchtenden Farben des Grases und die intensiven Farben der Blumen. Du spürst die Sonne, die dir Kraft verleiht, die dir Stärke gibt und du spürst deine Freiheit. Du spürst deine Freude. Du spürst, dass du Bewusstsein und Energie bist.

Du gehst sehr langsam und atmest tief ein und aus. Rechts und links am Wegesrand siehst du die herrlich leuchtenden Wiesen. Alte, kraftvolle Bäume mit so vielen grünen Blättern und du erkennst und nimmst den Reichtum und die Fülle der Natur Gottes bewusst in dir auf.

Lass dir Zeit ... alles, was geschieht, ist gut ...

Gemächlich und ausgeruht erreichst du die Treppe und gehst jetzt eine Stufe hoch auf die eins.

Langsam, gemächlich kommst du zurück in ein normales Bewusstsein und gehst hoch auf die Stufe zwei. Du fühlst dich gesund. Du fühlst dich frei, du fühlst dich in Harmonie und gehst hoch auf die drei. Du spürst die Energie, die sich verändert.

Fang an dich langsam zu recken und zu strecken und geh weiter hoch auf die vier.

Du bist glücklich, du bist frei und die nächste Stufe ist die fünf.

Komm zurück in die Realität, in das Hier und Jetzt mit der Zahl sechs.

Du bist hellwach, ausgeruht und völlig erfrischt, in Frieden, Harmonie und Liebe.

Zirkuszelt der Freude

Machen Sie sich eine Liste mit aussagefähigen Stichwörtern von Eigenschaften, die Ihnen manchmal oder des Öfteren im täglichen Leben fehlen und beziffern sie diese von eins bis ... je nach Stellenwert.

Vielleicht lachen Sie zu selten oder haben zu wenig Freunde oder Freude. Vielleicht wünschen Sie sich öfter ein Geschenk oder mehr Liebe, Zärtlichkeit und Glück. Sicher können Sie diese Liste bei genauer Überprüfung Ihrer Situation beliebig fortführen.

Für diese Energiemeditation wählen Sie in der Regel bitte nicht mehr als fünf Eigenschaften, die Sie bei Aufforderung einfügen.

Mach es dir bequem, setze oder lege dich hin, sei völlig entspannt, ganz entspannt, ruckel' dich noch ein bisschen zurecht, schließe die Augen und schalte ab. Deine Gedanken, sie sind wie kleine weiße Wölkchen, die einfach vorbeiziehen. Du brauchst sie nicht zu beachten. Du brauchst sie nicht zu werten, denn du machst jetzt deine Reise.

Die liebevolle Energie deines höheren Selbst hilft dir besser auf die verschiedenen Ebenen zu gelangen. Du spürst jetzt diese Energie an der Stirn, an den Schläfen und am Hinterkopf. Sie fühlt sich sanft, warm und leicht prickelnd an. Du fühlst, wie die Energie fließt. Und mit diesem herrlich leichten Fluß der Energie fließt alles an Schwere aus deinem Körper heraus – alles Schwere fließt heraus. Und alles, was geschieht, ist gut – und die Energie fließt von deinem Kopfbereich durch deinen Brustbereich und es wird angenehm und wohlig warm. Und sie fließt weiter durch deine Arme und in den Bauchbereich. Alles fühlt sich angenehm und warm an. Die Energie fließt und du verspürst überall ein wohliges Kribbeln. Dein Körper ist entspannt und völlig entspannt empfindest du dein Sein. Und alle Geräusche, die du hörst, verstärken nur noch deine Entspannung.

Du sinkst tiefer und dabei entspannst du dich immer mehr und immer besser. Raum und Zeit sind aufgehoben und du sinkst einfach tiefer, während sich dein Körper immer mehr entspannt.

Die Energie breitet sich im Beckenbereich aus und fließt durch deine Oberschenkel in die Unterschenkel und durch die Füße in den Boden hinein. Damit ist der Kreislauf geschlossen. Dein Körper ist in völliger Entspannung und du bist eingehüllt in ein stabiles Feld aus Energie. Raum und Zeit sind aufgehoben – und du hörst meine Stimme und du achtest auf meine Stimme und ich werde zur Vertiefung deiner Entspannung diese besondere Zählmethode anwenden:

Du befindest dich jetzt an einer Treppe mit sechs Stufen, die nach unten führen. Du stehst jetzt auf der obersten Stufe mit der Zahl sechs und du gehst tiefer hinunter auf die fünf.

Raum und Zeit sind aufgehoben und alles, was geschieht, ist gut. Du musst nichts wollen, du musst nichts sollen. Alles, was geschieht, ist gut.

Und du sinkst einfach auf die vier. Du gehst tiefer und tiefer auf die drei. Du sinkst noch tiefer und das Energiefeld ist stabil. Raum und Zeit sind aufgehoben. Dein Körper ist in völliger Entspannung und du sinkst tiefer auf die zwei.

Du hörst meine Stimme und du achtest auf die Stimme. Du läßt dich führen und leiten, denn alles, was geschieht, ist gut. Du musst nichts wollen. Du musst nichts sollen. Was kommt, ist gut. Und du sinkst tiefer und tiefer auf die Stufe eins.

Du befindest dich jetzt im zeitlosen Raum und bist ganz tief unten. Dein Körper ist völlig entspannt, leicht und schwer zugleich, und du gehst weiter auf deiner Reise.
Du siehst vor dir einen Weg. Es kann eine Straße sein, die asphaltiert ist. Es kann auch ein Waldweg oder ein Feldweg sein, der zu einem großen Rummelplatz führt. In der Mitte dieses Rummelplatzes befindet sich ein großes Zirkuszelt und darauf gehst du jetzt zu.
Du bist umgeben von Karussells, Achterbahnen, Riesenrädern, Buden und vielerlei verrückten Dingen. Es ist ein schöner, großer, bunter Rummelplatz. Er ist viel schöner und größer, als du je gesehen hast und alle die Punkte, die auf deiner Liste stehen, alle diese Eigenschaften begegnen dir, sei es Freude, sei es Glück, sei es Lachen oder sonst etwas. Sie werden von Menschen und von Wesen an dich herangetragen. Sie begegnen dir in allen Dingen.

Erinnere dich an deine Zettel, an die Eigenschaften, die du vermisst und sieh hin, durch was oder wen dir dies gegeben wird.

Lass dir Zeit ... alles, was geschieht, ist gut ...

Langsam gehst du weiter und die wundervollen Gefühle machen deine Schritte leicht und schwebend, bis du bei dem großen Zirkuszelt angelangt bist. Sanft wirst du hineingebeten. Bewundernd siehst du die vielen schöngekleideten Menschen und gehst direkt nach vorne vor die Manege. Staunend nimmst du die ganze Atmosphäre wahr. Du riechst den herben, kräftigen Geruch der Tiere und noch viele andere undefinierbare, fremdartige Gerüche. Genieße dieses faszinierende Flair, die bunten Gesichter, die unterschiedlichen Hautfarben und die vielen Menschenrassen.

Und jetzt wird die nächste Nummer angesagt. Mit großen Sprüngen und Purzelbäumen erscheinen die bunten Clowns in der Manege. Und diese Clowns machen ihre Späße und ihre Show. Einer davon, ein besonders lustiger, blickt immer wieder zu dir hin. Er sieht dich an und deine Intuition, deine Gefühle sagen dir deutlich, dieser Clown möchte dir etwas zeigen.

Höre in dich hinein, versuche zu erfassen, was es sein könnte ...

Du hast recht. Er will dir etwas zeigen. Gleichzeitig spürst du an deiner linken Seite eine Energie, eine wohlbekannte Energie, und dein Herz jubelt. Es ist die Energie deines Schutzengels, die wohlbekannte Energie deines Schutzengels. Heute hast du das Gefühl, dass ihm der Schalk im Nacken sitzt, obwohl er dich sonst immer sehr liebevoll führt. Du weißt und du fühlst, er hat dir etwas Wichtiges mitzuteilen. Du kannst ihn fragen ...

Lass dir Zeit ...

Und dass dieser Clown dich immer wieder ansieht, hat auch eine Bedeutung, das fühlst du und das weißt du. Und du weißt, es hängt mit diesen fünf wichtigsten Punkten zusammen, die auf deinem Zettel stehen. Und, sieh genau hin, der Clown zaubert den Zettel plötzlich in seine Hand und deutet mit dem Finger auf eine Stelle. Du hörst ihn reden und erklären. Und du merkst, dass nur du ihn verstehen und hören kannst und du siehst, wie die anderen immer noch über seine Späße lachen. Er sagt dir, was du diesbezüglich für dich tun könntest. Dieser Clown besitzt durch seine Art die Fähigkeit sich zu verwandeln, dir die Lösung der Situation klar und deutlich zu zeigen.

Und du siehst, wie dein Schutzengel dem Ganzen wohlwollend zustimmt. Dieser Clown zeigt dir durch seine Verwandlung den wichtigsten Punkt, an dem du für dich arbeiten solltest.

Raum und Zeit sind aufgehoben, und alles, was geschieht, ist gut ...

Sprich mit deinem Schutzengel, er ist sehr liebevoll, er hilft dir immer. Es ist eine Ebene, auf der du ihn spüren kannst. Frag ihn auch nach seinem Namen, falls du ihn noch nicht kennst. Rede mit ihm, er hat immer gute Ratschläge, viel Verständnis und gute Tipps. Er ist einfach für dich da.

Lass dir Zeit ... alles, was geschieht, ist gut ...

Raum und Zeit sind aufgehoben, und die Energie ist stabil und der Clown zeigt dir durch seine Maske das, was es ist, und das, was du für dich tun kannst.

Ein kleiner, junger Clown kommt noch hinzu, er turnt einfach in die Manege hinein und er lacht dich an, so wie alle Clowns lachen. Und dann zaubert er etwas aus seiner Hosentasche heraus. Er hat etwas für dich, etwas Besonderes, ein Geschenk, dass dich immer an ihn erinnern wird, ein wunderschönes kleines Geschenk. Etwas besonders Wertvolles, vielleicht einen Talisman oder ..., auf alle Fälle hat es eine tiefe Bedeutung.

Und nun bedanke dich bei den Clowns und lass sie ihr Programm beenden und weiter die Leute begeistern.

Zusammen mit deinem Schutzengel gehst du hinaus und atmest die frische Luft und die würzigen Gerüche ein, die es auf diesem Rummelplatz gibt. Und wieder siehst du die Menschen mit anderen Augen, du erkennst, wer die Menschen sind. Du nimmst ihre Gedanken wahr, du nimmst ihre Freude wahr und ihr Lachen. Alles um dich herum ist intensiv und farbenfroh. Diese Atmosphäre auf dem Rummelplatz ist so voller Energie, so voller Leben und Esprit und du fühlst dich aufgeladen mit Energie.

An der Seite deines schönen Schutzengels schlenderst du langsam in Richtung Ausgang.

Und wieder siehst du die wunderschöne Wiese. Du spürst den weichen Sand unter deinen Füßen. In der Ferne hörst du den Bach rauschen, siehst die Wälder, die Landschaft und hörst die Vögel. Energie ist in dir, Lebensfreude ist in dir, Tatkraft ist in dir, du bist unwahrscheinlich stark. Du bist stark, du bist kräftig und du bist mächtig, und du bist dir immer der Hilfe Gottes und der seiner Helfer bewusst. Du weißt, du stehst unter göttlichem Schutz.

Nun kommst du mit deinem Schutzengel an der Treppe an, wo er dich ganz sanft in den Arm nimmt und sich von dir verabschiedet, denn wenn du die Treppe hochgehst, wirst du ihn nicht mehr so schön sehen können.

Lass dir Zeit zum Danke sagen ...

Voller Energie und voller Tatendrang gehst du hoch auf die Stufe eins.

Und noch eine Stufe höher auf die zwei.

Du fühlst dich glücklich, du fühlst dich frei. Du fühlst dich voller Freude und gehst hoch auf die drei.

Spüre deine Glieder, reck dich, streck dich und geh hoch auf die Stufe vier.

Und du spürst, wie sich die Energie verändert und du spürst, wie du wieder in deinem Körper bist. Und nun geh hoch auf die Stufe fünf.

Du wachst langsam auf. Du kommst zurück. Du bist frei. Du bist glücklich. Du gehst jetzt hoch auf die sechs.

Du bist im Hier und Jetzt. Hellwach und erfrischt, völlig ausgeruht und es geht dir gut.

Dimensionsreise

Diese Energiearbeit eignet sich hervorragend für Menschen, die zur Zeit Konflikte mit nahe stehenden Personen austragen. Oft werden Probleme nicht ausgesprochen und einfach um des lieben Friedens willen hinuntergeschluckt. Das Resultat dieser Nichtbewältigung gipfelt in Verweigerung der eigenen Akzeptanz und derer anderer Menschen. Diese Lichtreise in Begleitung geistiger Helfer bereinigt Emotionen und somit Blockaden.

Mach es dir bequem. Setz oder leg dich hin. Sei völlig entspannt, ganz entspannt. Ruckel' dich noch ein bisschen zurecht, schließe die Augen und schalte ab. Deine Gedanken sind wie kleine weiße Wölkchen, die einfach vorbeiziehen. Du brauchst sie nicht zu beachten. Du brauchst sie nicht zu werten, sie schweben einfach vorbei.

Klar, kraftvoll und sanft spürst du die Energie und sie hilft dir, um besser auf die verschiedenen Ebenen zu gelangen. Du spürst jetzt diese Energie an der Stirn, an den Schläfen und am Hinterkopf. Sie fühlt sich sanft, warm und leicht prickelnd an. Du fühlst, wie die Energie, wie das Licht fließt. Und mit diesem herrlich leichten Fluß der Energie fließt alles an Schwere aus deinem Körper heraus – alles Schwere fließt heraus.
Du fühlst diese Energie als ein feines Kribbeln und du spürst, wie schwer deine Augenlider sind und wie entspannt du bist. Dein Gesicht wird schlaff und diese Energie fließt

mit einem leisen Kribbeln durch deinen Körper. Sie reinigt, sie heilt und entspannt deinen Brustbereich. Sie fließt weiter in dein Sonnengeflecht und du spürst diese angenehme, wohlige Wärme.

Du spürst, dass du Geist bist und gleichzeitig spürst du, dass du einen Körper hast, wobei dieser Körper ganz friedlich und gelassen ist. Er ist entspannt, er ist in Harmonie, er ist in Ruhe und Frieden. Und diese weißgoldene Energie, die durch dein Scheitelchakra immer stärker in deinen Körper hineinfließt, breitet sich jetzt im Bauch und Beckenbereich aus. Du spürst, wie es ganz warm und wohlig wird. Und du spürst, wie dein Körper sich immer mehr mit Licht auflädt und wie er ganz hell wird. Und dieses Licht fließt weiter durch deine Beine und du spürst ein angenehmes wohliges Kribbeln. Durch die Oberschenkel, durch die Unterschenkel und durch die Füße wieder in den Boden hinaus. Und somit ist der Kreislauf geschlossen.

Raum und Zeit sind aufgehoben und der Körper ist völlig entspannt. Du hörst deine Gedanken, sie sind unwichtig, wie kleine weiße Wölckchen schweben sie einfach vorbei. Es gibt nichts, was dich belastet, es gibt nichts, was dich blockiert. Das Licht drückt sich durch dich aus.

Und jetzt spürst du, wie das Licht immer stärker wird, immer reiner, immer klarer im Körper wird. Und jetzt spürst du, wie das Licht nach außen durch deine Aura dringt. Und du spürst, wie du immer mehr im Licht bist, und du spürst diese warme weißgoldene Energie. Und du spürst, dass du selbst eins bist mit dem Licht, denn du spürst den göttlichen Strom.

Du stehst jetzt an der Treppe mit den sechs Stufen und trittst hinunter auf die Stufe fünf.

Und der Körper sinkt tiefer und mit dem nächsten Schritt gehst du hinunter auf die Stufe vier.

Alles, was geschieht, ist gut, du musst nichts wollen, du musst nichts sollen. Du bist beschützt im göttlichen Licht und du trittst hinunter auf die Stufe drei.

Und du spürst, wie diese Energie noch klarer, noch reiner, noch kräftiger wird, wie die Heilung in deinem Körper bereits läuft und du trittst hinunter auf die Stufe zwei.

Der Körper sinkt immer tiefer, immer tiefer, während der Geist wach und klar bleibt und die Stimme ganz deutlich vernimmt. Und jetzt tritt noch einen Schritt hinunter auf die Stufe eins.

Vor deinen Augen siehst du ein Laufband, auf dem kleine Waggons stehen. Geh darauf zu und setz dich hinein, denn dieses Laufband führt leicht bergauf.

Rechts und links dieses Bandes sind wunderschöne Wiesen und du siehst, wie herrlich grün das Gras ist. Du spürst, wie rein die Luft ist und genießt die Sonne, die alles Leben spendet. Und die Sonne scheint genauso hell wie das Licht. Und du fühlst dich wohl.

Dieses Band schiebt sich immer weiter nach vorne. Es bewegt sich leicht bergauf und macht an einer Station halt, wo du schon voller Freude erwartet wirst. Deine geistigen Helfer und deine Schutzengel sind da und bitten dich auszusteigen.

Unter ihrer Anleitung wirst du sehen und erfahren, was es bedeutet, Unterdrückung durch Freiheit zu ersetzen.

Sei mutig, sprich mit ihnen, sie zeigen dir, was in dir noch unterdrückt wird oder wo du unterdrückt wirst und wie du am besten darauf reagieren solltest. Sei mutig und du wirst eine wunderbare Erfahrung genießen. Es geschieht nach deinem Ermessen.

Sie zeigen es dir deutlich von Schwingungen, die sich in Gefühlen äußern oder in Situationen und Ereignissen.

Du bist geschützt durch Licht und Liebe, auch wenn unangenehme Personen plötzlich auftauchen. Du wirst sehen, dass alles zu regeln ist.

Lass dir Zeit ... alles, was geschieht, ist gut ...

Und sieh, wie Situationen und Personen vom Licht erfasst werden. Von dem Licht, welches sich auf dieser Ebene ganz klar und rein ausdrückt. Und deine geistigen Helfer und Schutzengel, sie helfen dir dabei die kosmische, die göttliche Liebe diesen Personen und Situationen zu schenken. Deine geistigen Helfer helfen Dir diese göttliche Liebe und dieses Licht den Personen und Ereignissen zu schenken.

Lass dir Zeit ... alles, was geschieht, ist gut ...

Und nun sieh, was Freiheit für alle Beteiligten bedeutet. Und sieh, welch große Freude vorhanden ist.

Nun wollen wir unsere Reise fortsetzen. Geh zurück auf das Laufband und fahre mit deinem Wägelchen noch ein Stück bergauf.

Es schiebt sich gemächlich hoch zur nächsten Dimension. Und du siehst die Landschaft. Du genießt es, denn du spürst deine Freiheit und Sicherheit. Du weißt, dass du etwas bereinigt hast und damit auch bereit bist für die nächste Dimension.

Und siehe da, die Landschaft verändert sich, sie wird durchsichtiger und intensiver in den Farben. Und wieder steigst du aus und kannst deine geistigen Helfer noch deutlicher erkennen. Und du spürst, was sie empfinden. Und das, was du spürst, das ist von ihrer Seite aus Liebe und Akzeptanz deines Seins.

Doch lass dir die Bilder und die Situationen zeigen, in denen du dich noch nicht akzeptierst. Lass die Personen und die Situationen einfach hervortreten. Deine geistigen Helfer und Schutzengel sind dabei und helfen dir.

Lass dir Zeit ... alles, was geschieht, ist gut ...

Und nun gib diesen Situationen ganz viel Licht, göttliches Licht und göttliche Liebe, denn deine Aura ist groß und rein, und du kannst alle deine Körper in den verschiedenen Farben sehen.

Tu es immer wieder. Gib diesen Situationen ganz viel Licht und viel Liebe, denn wisse, alles was du tust, tust du damit auch für dich. Gib Liebe, kosmische Liebe, göttliche Liebe und sei dir der Mitarbeit deiner geistigen Helfer und Schutzengel ganz gewiss.

Und siehe da, diese Teile werden erwachsen, sie fangen an zu strahlen, die Situationen werden weicher, deine Personen werden weich. Und auf einmal fällt es dir ganz leicht dich so wie du bist und alles andere voll und ganz zu akzeptieren. Und weil du dich jetzt leicht akzeptierst, kannst du auch ganz leicht die anderen akzeptieren, so wie sie sind.

Lass dir Zeit ... alles, was geschieht, ist gut ...

Danke deinen geistigen Helfern und Schutzengeln und geh mit ihnen zurück zum Laufband. Setze dich in deinen Wagen und fahr hoch zur nächsten Dimension.

Das ist eine wunderschöne Dimension und du siehst, wie sich die Landschaft verändert. Wunderschöne Häuser tauchen zur rechten und zur linken Seite auf, paradiesische Gärten, Berge, die aussehen wie gemalt, ganz klar und ganz rein. Und die Luft ist so angenehm und deine Körper, deine geistigen Körper und dein realer Körper, fühlen sich schön, leicht, frei und kräftig an. Ganz leicht, frei und kräftig. Während du hochfährst, nur noch ein Stückchen, zur nächsten Dimension, genießt du diese Energie. Sie ist wie das Bad im Licht, wie die Umarmung der Sonne, wie Liebe ...

Und nun hält dieser Wagen an, das Laufband steht still. Du bist am Ziel. Du siehst dich umgeben von vielen geistigen Wesen. Und du weißt, du kennst sie alle, aus deinen Träumen und über deine vielen Bewusstseins waren sie schon immer bei dir.

Sie kommen auf dich zu und freuen sich über deine so reine Energie, denn jetzt wissen sie, dass sie mit dir sprechen können, dass sie dich umarmen können, dass du sie sehen und hören kannst. Du siehst die Freude, die sie haben, weil du eine solch reine Energie bist. Du bist im Licht und in der Liebe.

Sie drücken etwas aus, es ist Liebe, reine Liebe ohne Bindung. Du weißt und du spürst, dass du von einer großen Schar geistiger Wesen geliebt wirst und von Gott. Aber gleichzeitig spürst du, dass diese Liebe rein ist, sie ist rosa, weich und sie fühlt sich an wie ein neugeborenes Kind in deinen Armen. Du spürst, dass du gar nichts geben musst, einfach nur so sein, wie du bist, und dass du so angenommen wirst, wie du bist.

Lass dir Zeit ... alles, was geschieht, ist gut ...

Und aus tiefstem Herzen verstehst du diese Liebe als

Liebe ohne Bindung und das ist auch die Liebe, die du gut verschenken kannst.

Jetzt kannst du auch gut die Freude der geistigen Welt über diese Erkenntnis verstehen, denn diese Liebe ohne Bindung dient als Heilung für dich und für andere Menschen und auch für unsere Mutter Erde.

Lass dir ein bißchen Zeit, um dich mit ihnen zu unterhalten und um es zu genießen. Solltest du noch wichtige Fragen haben, kannst du sie gerne von deinen geistigen Helfern und Schutzengeln beantwortet bekommen. Ansonsten genieße einfach ihre Wärme, ihre Freiheit, ihre Liebe, ihre Akzeptanz allen Seins. Und all das kannst du mitnehmen und es auch weitergeben.

Du bist in einer sehr hohen Ebene. Du bist rein und du spürst immer noch und ganz verstärkt diesen göttlichen Strom des Lichtes, durch und durch. Und du weißt, dass dieser Strom deine Aura noch intensiver reinigt. Dieser göttliche Strom beschützt dich und er verbindet dich mit den geistigen Wesenheiten. Er verbindet dich mit der kosmischen Liebe, mit der göttlichen Liebe und mit dem Licht. Du bist sicher im Licht, du bist frei, und du bist rein.

Jetzt hast du dich eine sehr lange Zeit auf dieser hohen Ebene aufgehalten und das alles für dich genossen. Sieh dich um, vielleicht bekommst du ein Geschenk oder einen guten Rat, oder vielleicht bekommst du Wärme, Heilung oder Sicherheit oder ein Stück mehr Freiheit.

All das, was du jetzt erhältst, nimm es bitte an, du bist es wert, immer nur das Höchste und das Beste zu erhalten.

Lass dir Zeit ... alles, was geschieht, ist gut ...

Nun verabschiede dich von den geistigen Helfern und danke ihnen. Wisse, dass du immer und überall zu ihnen Kontakt hast und haben wirst und wisse auch, dass du immer im Licht bist.

Sie begleiten dich noch ein Stückchen des Weges, bis du an eine Rutsche kommst. Es ist eine ganz große Rutsche und du setzt dich jetzt auf diese Rutsche und fängst an zu rutschen. Du rutschst und rutschst so lange, bis du wieder fast in der Erdendimension bist.

Erstaunt siehst du die Treppe vor dir. Du fühlst dich sicher, du fühlst dich frei und du gehst hoch auf die Stufe eins.

Es geht dir fantastisch, es geht dir gut und du gehst hoch auf die Stufe zwei.

Du bist gesund, du bist frei, spürst deine Körper und voller Elan gehst du hoch auf die Stufe drei.

Und du spürst, wie sich die Energien und die Schwingungen des Raumes verändern und gehst weiter hoch auf die Stufe vier.

Und noch eine Stufe auf die fünf.

Reck und streck dich und schüttel dich. Mach den letzten Schritt hoch auf die Stufe sechs.

Ausgeruht, voller Freude und Harmonie bist du im Hier und Jetzt!

Kristallpyramide

Dies ist eine besonders schöne Energiearbeit, in der Sie Ihr Wissen und Ihr Bewußtsein dazu nutzen, das Verstehen und Aktivieren der Kristalle in spielerischem Rahmen zu erlernen. Besonders eignet sich diese Arbeit zum Regenerieren aller nervlichen Anspannungen im Körper.

Mach es dir bequem. Setz oder leg dich hin. Sei völlig entspannt, ganz entspannt. Ruckel' dich noch ein bisschen zurecht, schließe die Augen und schalte ab. Deine Gedanken sind wie kleine weiße Wölkchen, die einfach vorbeischweben. Du brauchst sie nicht zu werten, du brauchst sie nicht zu beachten. Denn du machst jetzt eine kleine Reise.

Die liebevolle Energie deines höheren Selbst hilft dir besser auf die verschiedenen Ebenen zu kommen. Und du kannst jetzt diese Energie an der Stirn, an den Schläfen und am Hinterkopf fühlen. Es ist so, als ob du Licht rufst. Diese Energie, sie fühlt sich sanft an und ganz leicht prickelnd. Du fühlst, wie diese Energie fließt und mit diesem herrlich leichten Fluss der Energie fließt alles an Schwere aus deinem Körper heraus. Alles an Schwere fließt aus deinem Körper heraus.

Und alles, was geschieht, ist gut. Diese Energie, diese weißgoldene, heilende Energie fließt von deinem Kopfbereich durch dein Gesicht, durch deinen Hals, durch deinen Brustbereich und wird angenehm und wohlig warm. Sie fließt immer weiter hinab in den Bauchbereich. Die

Energie fließt und fließt und du kannst überall ein wohliges Kribbeln verspüren. Dein Körper ist völlig entspannt. Völlig entspannt und locker genießt du noch das Hier und Jetzt. Alle Geräusche, die du hörst, verstärken nur noch deine Entspannung. Du sinkst tiefer und du entspannst dich immer mehr und mehr. Dein Geist ist wach, während dein Körper schläft, er ist schwer und leicht zugleich.

Raum und Zeit sind aufgehoben und du sinkst einfach tiefer, immer tiefer, während sich dein Körper immer mehr entspannt. Und die Energie, sie breitet sich im Beckenbereich aus und strömt durch die Oberschenkel in die Unterschenkel und durch die Füße in den Boden hinein, und damit ist der Kreislauf geschlossen. Dein Körper ist in völliger Entspannung und du bist eingehüllt in ein stabiles Feld aus Energie. Raum und Zeit sind aufgehoben und du hörst meine Stimme und achtest auf meine Stimme und ich werde zur Vertiefung deiner Entspannung die besondere Zählmethode anwenden.

Du befindest dich jetzt auf der Stufe sechs und du gehst tiefer auf die Stufe fünf.

Raum und Zeit sind aufgehoben und alles, was geschieht, ist gut. Du musst nichts wollen, du musst nichts sollen, alles, was geschieht, ist gut und du gehst hinunter auf die Stufe vier.

Und du sinkst tiefer und tiefer auf die Stufe drei.

Dein Körper ist leicht und schwer zugleich und du sinkst tiefer, noch tiefer. Raum und Zeit sind aufgehoben und dein Körper ist in völliger Entspannung und du sinkst ab auf die zwei.

Und du hörst auf die Stimme, und du achtest auf die Stimme, lässt dich führen und leiten und alles, was geschieht, ist gut. Du musst nichts wollen, du musst nichts sollen, was kommt, ist gut und du sinkst tiefer, noch tiefer auf die Stufe eins.

Du befindest dich jetzt im zeitlosen Raum und bist ganz tief unten. Dein Körper ist völlig entspannt, leicht und schwer zugleich.

Vor dir befindet sich ein heller, sandiger Weg und diesen Weg gehst du ein Stückchen entlang. Rechts und links siehst du Wiesen mit fremdartigen, exotischen Bäumen, die du nur aus fernen Ländern kennst.

Du gehst den Weg entlang und hörst die Vögel zwitschern. Du genießt die Ruhe, die Wärme, die Entspannung und die Erholung, denn du befindest dich auf einer Ebene, die sehr hell und sehr licht ist. Das Gras ist von satter, grüner Farbe und alle Bäume und Blumen, die du siehst, stehen in voller Blüte.

Du genießt diese Stille, diese Ruhe und du spürst, wie die Sonne Kraft verleiht, und genau wie bei dem Licht verspürst du bei den Sonnenstrahlen dieses angenehme Kribbeln. Du spürst, wie dein Körper hell, leicht und frei wird.

In der Nähe siehst du eine große kristallene Pyramide und genau darauf läufst du zu. Und je näher du kommst, desto deutlicher erkennst du sie wieder. Eine ganz große Kristallpyramide – so groß wie die Cheopspyramide in Ägypten.

Wie eine ferne Erinnerung an etwas was einst war, stehst du staunend und andächtig davor und bist dir darüber im Klaren, welch gewaltige Energie diese Pyramide in sich birgt. Du stehst vor dieser Pyramide und du spürst, ahnst und erkennst, dass diese Pyramide alles Wissen enthält. Du weißt sehr genau, weshalb das Licht sich in ihr bricht und dass sie nur vom reinsten Licht gespeist wird.

Allein solltest du nicht in diese Pyramide gehen, doch das weißt du, denn es sind sehr starke Energien. Bitte rufe dein höheres Selbst oder deinen Schutzengel, der dich dann begleiten wird.

Nachdem du deinen Engel gerufen hast und dieser an deine Seite tritt, kannst du mit ihm gemeinsam in die Pyramide treten und du spürst diese Energie. Du spürst diese Klarheit, diese Reinheit und Vibration. Du schaust nach oben, siehst die Öffnung, durch die die Energie vom Kosmos in die Pyramide eintritt.

Alles, was geschieht, ist gut und staunend stehst du in dieser Pyramide und lässt einfach die Energie auf dich wirken. Und du siehst in der Mitte dieser Pyramide eine Art runden Altarstein, aber nicht aus Stein, sondern auch wieder aus Kristall, und zusammen mit deinem Engel gehst du zu diesem Altar hin.

Vorsichtig berührst du ihn und du spürst diese Kraft und die Macht, die hier vorhanden ist.

Sieh dich um, alle anderen, die hier jetzt versammelt sind, erscheinen auch mit ihrem Engel an diesem Stein. Genieße diese Energie, genieße sie, nimm sie auf, spüre sie und lerne mit ihr umzugehen.

Lass dir Zeit ..., alles, was geschieht, ist gut ...

In der Mitte dieses Altars liegt ein ganz bestimmtes Symbol, und zwar das Symbol für Alpha und Omega, für den Beginn und für das Ende, für den nicht endenwollenden ewigen Kreislauf.

Deine geistigen Helfer schlagen dir vor, deine Hände mit den Fingerspitzen auf den Stein, auf den Kristall zu legen. Diese Symbole, Alpha und Omega, Beginn und Ende, so oben, so unten, beinhalten die ganze Weisheit des Universums. Spüre deine Hände, wie sie auf dem Stein liegen. Lass es einfach wirken.

Solltest du Fragen haben, lass sie dir beantworten. Du hast einige Minuten Zeit.

Lass dir Zeit für das Gespräch mit deinen Engeln. Alle Fragen, alle Probleme, alles kannst du beantwortet bekommen, denn du nimmst die Energie auf, eine stetige Zufuhr der Energie und des Lichtes. Diese kosmischen Schlüssel der Weisheit enthüllen für dich das Geheimnis. Auf alle Fälle wirst du die richtigen Antworten erhalten.

Lass dir Zeit ... alles, was geschieht, ist gut ...

Bedanke dich für die Antworten, die du erhalten hast und beende diese Zeremonie. Löse deine Fingerspitzen vom Stein und sag danke. Danke für das, was du erhalten hast und auch für das, was du in Zukunft erhalten wirst und du siehst, wie sich die Energie auf diesem Kristallaltarstein verändert. Du spürst, dass es jetzt gut ist.

Nun wende dich ab und geh den Weg wieder zur Tür und zum Ausgang hinaus. Du bist jetzt im Freien und erkennst den Unterschied. Diese Energie in der Pyramide war ganz anders und du atmest tief durch, bist erfüllt von vielen Glücks- und Dankesgefühlen und von dem Wissen, das du erhalten hast. Du spürst die Liebe in dir und du spürst, dass du geliebt wirst, dass du akzeptiert wirst von der großen Energie und von Gott und von dir selbst.
Ich liebe mich, ich liebe mich und akzeptiere mich und andere Menschen, andere Wesen und andere Energien. Geistige Wesen lieben mich und akzeptieren mich und ich bin für sie etwas Wunderbares. Ich stelle für sie etwas dar,

was für sie so wertvoll ist, mir immer zu helfen, wenn ich sie um Rat frage. Sie sind gerne da, um mir hier auf der Erde vieles zu erleichtern, denn auch ich bin für sie da. Denn durch uns können sie alles erfahren. Alles dies und vieles andere, das spürst du einfach, das weißt du einfach.

Und nun atme einfach die frische Atmosphäre, die Klarheit. Du fühlst dich rein in Körper, Geist und Seele. Du fühlst dich in der Erkenntnis, du fühlst dich in der Weisheit und du fühlst dich in Dankbarkeit. Und nun komm mit mir den Weg zurück.

Gemeinsam mit deinen geistigen Helfern und Engeln gehst du diesen Sandweg zurück. Zu beiden Seiten stehen Palmen, Mangobäume, Zedern, viele, viele exotische Bäume, wunderschön. Klar, frisch und rein und die Sonne ist weiß. Sie ist wie das Licht. Sie gibt dir Kraft und sie spendet dir Leben, nicht nur dir, sondern auch der Natur und allen Lebewesen.

Du gehst langsam den Weg entlang und genießt alles. Deine geistigen Helfer erklären dir, dass sie als Wesen lieber in ihrer Energie und in ihrer Dimension bleiben, aber trotzdem immer bei dir sind. Nun verabschieden sie sich und sagen, wenn du mich rufst, so bin ich jederzeit für dich da, auch wenn du mich nicht ganz so klar sehen kannst wie jetzt.

Wieder siehst du in der Ferne die Treppe auftauchen. Du gehst darauf zu und trittst auf die erste Stufe. Du merkst, dass die Energie sich schon verändert, irgendwie fühlst du dich ein bisschen wacher.

Geh noch einen Schritt höher auf die zweite Stufe.

Du fühlst dich gut. Du fühlst dich sicher. Du fühlst dich

frei. Du fühlst dich wohl und trittst auf die Stufe drei.

Du fühlst dich frisch und ausgeruht. Du fühlst dich glücklich und frei und gehst hoch auf die Stufe vier.

Reck und streck dich. Spüre deine Glieder und deinen Körper und geh hoch auf die Stufe fünf.

Und jetzt, mach noch einen Schritt und komm hellwach, völlig ausgeruht, voller guter Laune auf die Stufe sechs.

Und mit der Stufe sechs bist du voll da im Hier und Jetzt. Hellwach und erfrischt!

Engel der Heilung

Diese Meditationsarbeit eignet sich hervorragend, wenn Sie ein gesundheitliches Problem haben. Sollten Sie sich völlig gesund fühlen, so dient diese Arbeit zur Lösung von Verspannungen, Verkrampfungen und tief sitzenden Blokkaden.

Bitte lege dich hin, entspanne deinen Körper, lasse alles los, lass dich völlig los. Entspanne deinen Kopf und spüre, wie sich deine Gesichtszüge glätten, und du spürst, wie die Energie durch dein Scheitelchakra in deinen Körper hineinströmt. Du spürst, wie dein Körper sich entspannt, wie du immer tiefer und tiefer sinkst.

Du spürst, wie sich die Energie im Kopf und im Halsbereich ausbreitet. Du spürst, wie die Energie warm und wohlig wird. Sie strömt durch deinen Brustkorb und entspannt deinen Körper. Er wird leicht und schwer zugleich und du spürst, wie die Energie durch deinen Bauch- und Beckenbereich fließt.

Dein Körper ist entspannt, leicht und schwer zugleich und du spürst diese weißgoldene Energie, wie sie weiter durch deine Oberschenkel und deine Unterschenkel hinabströmt und durch die Füße wieder hinaus. Du spürst das sanfte Kribbeln dieser heilenden Energie.

Dein Körper ist völlig entspannt. Raum und Zeit sind aufgehoben. Deine Gedanken sind wie kleine weiße Wolken, die einfach dahinziehen, lass sie einfach ziehen. Raum und Zeit sind aufgehoben. Du musst nichts wollen, du musst nichts sollen, du musst nichts müssen. Alles, was geschieht, ist gut.

Du stehst jetzt an der Treppe mit den Stufen und trittst hinunter auf die Stufe fünf.

Mit jedem Schritt, den du hinabgehst, fällt immer mehr Ballast von dir ab, immer mehr Ballast fällt ab. Geh hinunter auf die Stufe vier.

Du spürst, wie du immer tiefer sinkst, immer tiefer sinkst und du gehst weiter hinunter auf die Stufe drei.

Du spürst den Körper schwer und leicht zugleich und gehst hinunter auf die Stufe zwei.

Du fühlst und du spürst dich, geh den letzten Schritt hinunter auf die Stufe eins.

Du stehst jetzt ganz unten an der Treppe, hinter dir diese langen Stufen. Du bist tief unten. Dein Körper ist entspannt, doch dein Geist ist wach. Deine Sinne sind geschärft und du hörst mit deinen inneren Ohren und du siehst mit deinem inneren Auge und du fühlst mit deiner Intuition.

Schau dich genau um und bemerke freudestrahlend, dass du nicht alleine bist. Dein Engel der Heilung ist bei dir. Du kennst ihn, denn du hast ihn schon oft in deinen Träumen gesehen und du erinnerst dich. Du erinnerst dich an sein mitfühlendes, liebes Gesicht. Du erinnerst dich an seine Güte, an seine Wärme und du erinnerst dich an die Hilfe, die er dir schon so oft gegeben hat. Dein Engel der Heilung wird dich jetzt auf diesem Wege begleiten.

Vor dir erstreckt sich eine wunderschöne Landschaft in einem lieblichen Tal. In dieses Tal hinein führt ein Sandweg, ein weicher, warmer Sandweg. Schön breit, um bequem zu zweit darauf zu gehen.

Du spürst bereits den Frieden in dir, den diese Landschaft auf dich ausstrahlt und du spürst die Harmonie in dir und du siehst begeistert den Vögeln zu, die ihr Liedchen trällern. Du hörst mit deinen inneren Ohren und empfindest diese Melodie als sehr, sehr rein und sehr, sehr schön.

Während du weitergehst, siehst du eine intensive Farbenpracht um dich herum. Bäume, deren Spitzen sich sanft im leichten Wind biegen, deren Blätter sich kräuseln, so sanft, als ob der Wind sie umstreicht und auch dich umhüllt, und du hörst ihn reden, du hörst ihn wispern, du hörst ihn säuseln und du weißt, es sind die Melodien und die Töne des Universums.

In Frieden und Harmonie gehst du weiter mit deinem Engel der Heilung, während du diese würzige Atmosphäre genießt. Immer geradeaus, und du hörst in der Ferne einen Bach leise plätschern und du spürst diesen tiefen Frieden in dir und du spürst bereits, wie deine Glieder sich erfrischt anfühlen, wie dein Körper strahlend wirkt, wie er sich jung anfühlt.

Du gehst weiter und nimmst immer deutlicher in der Ferne einen sehr malerischen Ort wahr. Du siehst weiße Häuser, große Parkanlagen, langgestreckte Gebäude, eine wunderschöne, harmonische Anlage. Dahin gehst du jetzt mit deinem Engel. Langsam nähert ihr euch einem Tor und ihr tretet durch den Torbogen in das Innere dieser Gebäudeanlage.

Und wieder bist du umgeben von wunderschönen Parks in satten grünen Farben, vielen blühenden Pflanzen, Rosen, Orchideen und noch weiteren herrlichen Blüten. Alles ist eingehüllt in malerische Schönheit.

Dein Engel führt dich zu einem Hauptgebäude und geht mit dir hinein. Er kennt das Ziel, das du dir gewählt hast. Er führt dich durch lange Flure, bis ihr vor einer Tür steht, die sehr alt und schön geschnitzt ist. Ein großes Portal.

Du öffnest es und gehst mit deinem Engel hindurch. Eine

angenehme Kühle schlägt dir nun entgegen und deine Augen gewöhnen sich an die veränderten Lichtverhältnisse. Du siehst etwas Außergewöhnliches.

Es ist ein ganz großer Raum, in dem sich viele Leute versammelt haben. Sie stehen in Gruppen zusammen, sie reden miteinander, sie lachen miteinander und sie beten miteinander. Langsam verebbt das Stimmengewirr.

Die Aufmerksamkeit richtet sich auf das Podium, das in der Mitte dieses Raumes steht und automatisch kehrt Stille ein. Auch du wirst ganz ruhig, ganz ehrfurchtsvoll.

Es wird still in dir und es wird still um dich herum und du siehst zu dem Podium hin und bemerkst, dass drei Wesen, in sehr hell leuchtende Gewänder gehüllt, auf dem Podium stehen, von fast durchscheinender Energie.

Diese leuchtenden Gewänder strahlen, doch noch mehr fallen dir die Augen dieser drei Personen auf. Fasziniert und gebannt blickst du in die Augen des mittleren Wesens. Es strahlt dir so viel Wärme entgegen, so viel Liebe und so viel Verständnis und du fühlst dich geborgen.

Nun siehst du, wie eine Person aus dem Raum zu diesem Wesen auf das Podium tritt, bei ihm Platz nimmt und mit ihm spricht. Und siehe da, es legt seine Hand auf ihren Kopf und es ist, als ob ein Zucken durch ihren Körper geht. Sie bedankt sich, steht auf und du siehst, dass sie plötzlich wesentlich jünger und gesünder aussieht und dass sie aufrechter geht und du spürst, wie frei und gesund sie sich fühlt.

Nun bist du an der Reihe und gehst zu dem Wesen auf das Podium.

Nimm Platz und trage deine Probleme bezüglich deiner

Krankheit oder deines Unwohlseins vor. Sprich mit dem Wesen auf dem Podium.

Lass es geschehen, denn alles, was geschieht, ist gut. Sprich mit ihm.

Frag ihn, was du für dich tun könntest ...

Frag ihn, womit du deinen Gesundheitszustand verbessern könntest ...

Frag ihn nach den Ursachen deiner Krankheit ... und bitte um Heilung ...

Lass dir Zeit ... alles, was geschieht, ist gut ...

Lass dir Zeit ... du spürst die Energie, die das Wesen hat und du weißt, es wird dir helfen die Ursachen der Probleme zu entdecken, zu erkennen und zu lösen.

Lass dir Zeit ... lass alles geschehen, denn alles, was geschieht, ist gut ...

Da du dich nun geheilt fühlst, bedanke dich, erhebe dich und geh zu deinem Engel in den Saal zurück. Er erwartet dich bereits. Er umarmt dich und ist so froh, dass du bereit warst hinzuhören und es einfach geschehen zu lassen.

Alles, was geschieht, ist gut ... und da du in so glücklicher Stimmung bist, dich so gesund fühlst, und da du dich so frei fühlst, wünschst du auch allen anderen Menschen, allen Personen, die anwesend sind und allen, die du kennst, auch wiederum nur Gesundheit, Glück und Wohlergehen und seelisches Heil. Diese Möglichkeit, diese Gelegenheit hast du jetzt. Nutze sie!

Lass dir Zeit ... lass fließen ...

Sieh dich in dem Raum um. Du wirst Personen aus deinem Alltagsleben erkennen, denen du etwas zu verzeihen hast, mit denen du vielleicht böse warst oder die dir etwas Schlechtes angetan haben. Du wirst Menschen entdecken, denen du ein liebes Wort sagen möchtest, die du aufmuntern möchtest, denen auch du wiederum helfen möchtest.
Bitte sieh dich um, geh zu den entsprechenden Personen, sie sind alle da. Sie sind alle hier versammelt. Geh zu ihnen und sprich mit ihnen, mach dein Herz frei und vergebt euch eure Schulden. Bitte um Vergebung, damit dir die anderen auch vergeben. Verzeihe du, damit auch dir verziehen wird. Sei dir all das Gute, das daraus entsteht, wert.

Lass geschehen ... lass dir Zeit ...

Sprecht miteinander und erkennt, dass es oft nur die Umstände sind, die euch zu diesen Punkten führten und dass die daraus resultierenden Schuldgefühle unnötig waren und nur eine Belastung und ein Hemmschuh in eurer Gegenwart und Vergangenheit sind. Versöhnt euch. Vergebt euch. Alle diese Personen sind da.

Lass dir Zeit ... alles, was geschieht, ist gut ...

Dein Heilungsengel ist immer mit dabei. Er gibt dir Kraft. Er gibt dir Mut. Er gibt dir Stärke. Er unterstützt dich, denn alle Personen, die sich in diesem Raum befinden, sind nur aus diesem einen Grunde da, um geheilt zu werden und selbst Heilung und Vergebung zu geben und zu erhalten.

Lass dir Zeit ... alles, was geschieht, ist gut ...

Bereinige das, was du bereinigen kannst, du hast alle Zeit der Welt und du hast alle Zeit der Ewigkeit, denn Raum und Zeit sind aufgehoben.

Da du jetzt alles abgeschlossen hast und fertig bist, bittet dich dein Engel dich wieder nach Hause führen zu dürfen. Du verabschiedest dich von den anderen und gehst mit ihm durch diese wunderschöne geschnitzte Tür wieder hinaus, bis ihr wieder im Freien seid.

Du spürst, wie frei du dich fühlst, wie gesund und wie dankbar du bist, weil du sehr viel Ballast abgeworfen hast und du kannst versichert sein, dass jede Person, mit der du gesprochen hast, genauso empfindet wie du.

Langsam, in Ruhe, in Frieden und in Harmonie geht ihr den Weg zurück. Du gehst durch den Park und trittst hinaus auf diesen Sandweg und du siehst wieder die Wiesen, die Wälder, die Bäume. Über dir ist ein strahlender Himmel und die Sonne begleitet dich auf deinem Weg. Sie gibt dir Kraft, sie spendet dir Energie. Fröhlichen und leichten Schrittes gehst du den Weg mit deinem Engel zurück. Du spürst den Sand ganz warm unter deinen Füßen und du beobachtest die Vögel und die Schmetterlinge, während du dich mit deinem Engel der Heilung unterhältst.

Sag ihm, wie sehr du dich gefreut hast ihn zu sehen. Wie du ihm am besten dankst, das weißt du selbst.

Gemeinsam geht ihr den Weg zurück und du genießt diese Frische, diese Energie, die du erhalten hast, denn du fühlst dich frei. Frei, frei und nochmals frei. Frei und gesund. Du fühlst dich schön, denn du bist schön.

Du kommst jetzt an der Treppe an und verabschiedest

dich von deinem Engel der Heilung. Denn wenn du oben bist, kannst du ihn nicht mehr so gut sehen. Darum mach es jetzt gleich.

Du spürst, wie er immer durchsichtiger wird, du siehst es und trotzdem fühlst du seine Energie. Du weißt, er ist bei dir und er ist in dir. Es ist ein schönes Gefühl und mit diesem schönen Gefühl gehst du hoch auf die Stufe eins.

Du spürst, wie die Energie sich verändert und trittst noch eine Stufe höher auf die Stufe zwei.

Du fühlst dich frisch, du fühlst dich frei und gehst noch eine Stufe höher auf die Stufe drei.

Du spürst ein bisschen von der Realität. Du spürst wieder, dass du einen Körper hast und wie er sich anfühlt.

Geh noch einen Schritt hoch auf die Stufe vier.

So langsam kommst du ins Wachbewusstsein zurück. Fang an dich zu recken und zu strecken, werde wach und geh hoch auf die Stufe fünf.

Du fühlst dich frisch. Du fühlst dich frei und du fühlst dich glücklich. Geh jetzt den letzten Schritt hoch auf die Stufe sechs.

Mach die Augen auf. Du bist hellwach. Du bist gesund. Du bist glücklich. Du bist frei.

Schutzengel

*Diese Energiearbeit ist etwas ganz Wundervolles. Bitte ach-
ten Sie beim allerersten Mal unbedingt darauf nicht abzu-
gleiten, denn hier wird Ihnen die Möglichkeit geboten Ihren Schutzengel in der für Sie akzeptabelsten Gestalt ken-
nenzulernen, um mit ihm zu reden und seine Energie auch
im täglichen Leben zu erkennen. Eine gute Mitarbeit in
dieser Meditationsreise verhilft Ihnen zu einem harmoni-
schen Leben. Ansonsten eignet sich dieser Text hervorragend zum friedlichen Einschlafen. Auch dabei wird irgendetwas passieren. Sie müssen nicht wissen, was. Jedoch
eins ist gewiss: Es wird immer gut für Sie sein.*

*(Ich liebe und achte meinen Schutzengel und beziehe ihn
in meinen Alltag ein. Oder er mich? Die Autorin)*

Bitte lege dich hin, entspanne deinen Körper, lasse alles
los, lass dich völlig los. Entspanne deinen Kopf und spüre,
wie sich deine Gesichtszüge glätten. Du spürst die Energie,
die über dein Scheitelchakra in deinen Körper hineinströmt.
Du spürst, wie dein Körper sich entspannt, wie du immer
tiefer und tiefer sinkst.

Du spürst, wie sich die Energie im Kopf und im Halsbereich ausbreitet. Du spürst, wie die Energie warm und
wohlig wird. Sie strömt durch deinen Brustkorb und dein
Körper ist immer mehr entspannt. Er wird leicht und schwer
zugleich und du spürst, wie die Energie durch deinen Bauch-
und Beckenbereich hinabfließt.

Dein Körper ist entspannt, leicht und schwer zugleich
und du spürst diese weißgoldene Energie weiter hinab-
fließen durch die Oberschenkel. Du spürst das sanfte Krib-

beln dieser heilenden Energie. Du spürst, wie sie die Unterschenkel hinabströmt und durch die Füße wieder hinaus.

Dein Körper ist völlig entspannt. Raum und Zeit sind aufgehoben. Deine Gedanken sind wie kleine weiße Wolken, die einfach dahinziehen, lass sie ziehen. Raum und Zeit sind aufgehoben. Du musst nichts wollen, du musst nichts sollen, du musst nichts müssen. Alles, was geschieht, ist gut.

Du stehst an der Treppe mit den Stufen und trittst hinunter auf die Stufe fünf.

Und mit jedem Schritt, den du hinabgehst, fällt immer mehr Ballast von dir ab, immer mehr Ballast fällt ab. Geh hinunter auf die Stufe vier.

Du spürst, wie du immer tiefer sinkst, immer tiefer sinkst. Und du gehst hinunter auf die Stufe drei.

Du spürst, wie dein Körper schwer und leicht ist. Geh noch einen Schritt hinunter auf die Stufe zwei.

Du fühlst und du spürst dich und du gehst hinunter auf die Stufe eins.

Tritt jetzt hinaus auf die Plattform. Dein Körper ist Energie, reine Energie.

Auf dieser Plattform erkennst du jetzt einen Aufzug, einen silbrigschimmernden Aufzug. Gehe darauf zu, öffne die Tür und tritt ein.

Du stehst jetzt in diesem Aufzug und siehst sehr viele Knöpfe. Wähle den obersten Knopf und drücke ihn. Sanft und geräuschlos schließt sich die Tür des Aufzuges und leise surrt der Lift nach oben. Er trägt dich höher und höher in eine andere Dimension. Raum und Zeit sind aufgehoben und schon hält der Aufzug an. Automatisch öffnet sich die Tür.

Du bist fast geblendet von so viel Helligkeit, von so viel Licht, das dir entgegenfällt. Zögernd trittst du hinaus und kommst in eine wunderschöne Landschaft.

Du spürst das weiche Gras unter deinen Füßen. Ganz satt in den Farben, leuchtend grün mit vielen bunten Blumen, und noch etwas erstaunt dich: Diese ganze Landschaft strahlt eine ungewöhnliche Harmonie aus. Es ist alles in Einklang, jeder Baum, jeder Strauch, jede Blume, alles sieht aus wie modelliert. Wie zusammengefasst zu einem Ganzen. Du kannst dich gar nicht satt sehen an dieser Pracht.

Genieße das, was du spürst und siehst, genieße die klare Luft, genieße die Farben, hell, strahlend, genieße die Energie. Gehe einfach ein Stück in die Landschaft hinein. In der Ferne schimmern helle Punkte. Je weiter du kommst, desto besser erkennst du sie als Wesen, die dir entgegengehen. Zur Zeit schimmern sie wie Silhouetten aus Energie. Doch sie kommen dir entgegen und du kommst ihnen entgegen. Je näher ihr euch kommt, desto mehr kannst du die Schwingungen dieser Wesen aufnehmen. Von dem mittleren Wesen strahlt eine ganz besonders starke Schwingung, eine sehr vertraute Schwingung, eine warme Schwingung aus.

Du spürst Liebe, du spürst Wärme, du spürst – du kannst es kaum beschreiben – etwas wie inneres Glück. Und dieses Wesen wird immer klarer. Es nimmt immer mehr Gestalt an. Es nimmt dir zuliebe eine menschliche Gestalt an.

Und du gehst ihm noch mehr entgegen, du läufst beinahe, denn du ahnst bereits, wer oder was dieses Wesen ist. Und du ahnst richtig, es ist dein Schutzengel.

Du bist glücklich, denn er hat es ermöglicht, dass du ihm auf dieser Ebene begegnest. Ihr umarmt euch, und du spürst die Liebe und die Harmonie auch der anderen Wesen, die noch mit dabei sind. Und alle freuen sich, dass sie dich richtig begrüßen können. Sie freuen sich, dass sie mit dir richtig sprechen können, so dass du sie verstehst, so dass du sie hörst.

Und alle haben dir etwas zu sagen. Du hörst ihre Stimmen, du spürst ihre Energie, du spürst ihre Liebe, ihre Wärme. Du spürst ihr Licht und durch ihr Licht, durch ihre Wärme, durch ihre Liebe und durch diese wundervolle Ebene wirst du ganz hell, wirst du ganz klar, wirst du ganz heil.

Lass dir Zeit ... alles, was geschieht, ist gut ...

Unterhalte dich nun mit deinem Schutzengel, danke ihm für die Hilfe, die du von ihm immer erhalten hast.

Lass dir Zeit ...

Du hast die Möglichkeit, ihm Fragen zu stellen.

Schau ihn dir genau an. Vor allen Dingen spüre seine Energie, damit du sie im Alltag richtig deuten kannst.

Vereinbare mit ihm ein Erkennungszeichen, ein Tätscheln an der Wange, am Kopf oder an einer bestimmten Stelle im Gesicht. Dies hilft dir, ihn im täglichen Leben deutlicher zu spüren.

Lass dir Zeit ...

Geh mit deinen geistigen Begleitern weiter durch die wundervolle Landschaft. Gehe mit ihnen, sie haben dir so vieles zu sagen, und sie haben dir so vieles zu zeigen.

Lass dich führen und laß dich leiten. Lass dir Zeit ...

Genieße diese Atmosphäre von Licht, von Liebe, von Frieden, von Schönheit und Harmonie. Sprich mit deinen geistigen Begleitern. Lass dich führen, lass dich leiten, übe die Erkennungszeichen mit ihnen ein, damit du sie im Alltag wiedererkennst.
Frage deinen Schutzengel, ob er dir in gewissen Sachen helfen kann. Frage ihn auch, woran du noch mehr arbeiten solltest. Sprich mit ihm, du kannst ihn verstehen, du kannst ihn hören, du kannst ihn sehen, so wie die anderen Wesen.

Lass dir Zeit ...

Genieße die Landschaft und genieße diese himmlischen Sphärenklänge. Musik, so rein, so voller Liebe, so voller Harmonie, so voller Frieden. Und du spürst diesen Frieden in dir. Du spürst, dass du nichts musst. Du spürst, dass nichts wichtig ist außer Frieden, Freiheit, Harmonie und Liebe.

Langsam naht die Zeit, um wieder zurückzukehren, zurück in die Realität. Am liebsten würdest du gerne hierbleiben, ich kann dich verstehen, ich weiß, so viel Frieden, so viel Liebe, so viel Harmonie, so viel Freude, das gibt man nicht so gerne auf. Doch auch deine geistigen Begleiter raten dir jetzt wieder zurückzugehen.

Sie machen nun mit dir kehrt. Ganz still, voller Freude und voller Dankbarkeit gehst du mit ihnen den Weg zurück. Du fühlst dich gesund und du weißt, bei so viel reinem Licht wird ganz viel im Körper geklärt sein, wenn du zurück bist.

Du fühlst, wie der Körper stark ist, wie er gesund ist, wie er aufgeladen ist, wie er von innen heraus strahlt, wie es ihm rundherum gut geht.

Nun kommt ihr bei dem Aufzug an. Verabschiede dich von deinen geistigen Begleitern. Sie umarmen dich mit viel Freude, viel Liebe und viel Dankbarkeit. Sie versprechen dir dich gerne wieder auf dieser Ebene zu empfangen. Darauf darfst du dich heute schon freuen.

Sanft wirst du in den Aufzug geschoben. Noch ein letzter Blick, bevor sich die Türen schließen. Du drückst den untersten Knopf und leise surrend setzt er sich nach unten in Bewegung.

Mit einem leichten Ruckeln stoppt der Aufzug und die Tür gleitet auseinander. Wieder stehst du auf der Plattform und gehst langsamen Schrittes zu der Treppe.

Du fühlst dich frei und voller Frieden. Und du setzt deine Füße auf die Stufe eins.

Du fühlst dich frei und glücklich. Du fühlst dich voller Liebe und du fühlst dich voller Harmonie und gehst jetzt hoch auf die Stufe zwei.

Du fühlst dich frei und du fühlst dich glücklich. Du fühlst dich voller Liebe und Harmonie und gehst hoch auf die Stufe drei.

Du fühlst dich frei, du fühlst dich glücklich. Du fühlst dich voller Harmonie und gehst hoch auf die Stufe vier.

Blinzle mit den Augen. Reck dich und streck dich und komm hoch mit dem nächsten Schritt auf die Stufe fünf.

Du bist voll da. Du bist frei. Du bist gesund. Du bist glücklich. Du bist in Frieden und in Harmonie, voll da im Hier und Jetzt bei der Zahl sechs.

Schuld und Vergebung

Bei dieser Meditation ist besonders darauf zu achten, dass Sie bequem sitzen, nicht liegen. Sollten Sie sich hinlegen, werden Sie unweigerlich einschlafen, denn das Ego, der Verstand blockiert diese für ihn schmerzhaften Emotionen. Die Lösung dieser Emotionen bedeutet für das Ego der Person einen Kontrollverlust. Das Wesen wird freier und dadurch entscheidungsfähiger und ist somit außerhalb der Manipulierfähigkeit des Egos.

Mach es dir bequem, sei völlig entspannt, ganz entspannt, ruckel' dich noch ein bisschen zurecht, schließe die Augen und schalte ab. Deine Gedanken sind wie kleine weiße Wölkchen, die einfach vorbeiziehen. Du brauchst sie nicht zu beachten. Du brauchst sie nicht zu werten, denn du wirst jetzt eine kleine Reise machen.

Die liebevolle Energie deines höheren Selbst hilft dir, besser auf die verschiedenen Ebenen zu kommen. Du kannst jetzt diese Energie an der Stirn, an den Schläfen und am Hinterkopf fühlen. Sie fühlt sich sanft, warm und leicht prickelnd an.

Du kannst fühlen, wie die Energie fließt und mit diesem herrlich leichten Fluß der Energie fließt alles an Schwere aus deinem Körper heraus – alles Schwere fließt heraus.

Alles, was geschieht, ist gut. Alles, was geschieht, ist gut – und die Energie fließt von deinem Kopfbereich durch deinen Brustbereich und es wird angenehm und wohlig warm.

Und sie fließt weiter durch deine Arme und in den Bauch-
bereich. Alles fühlt sich angenehm und warm an. Die
Energie fließt weiter und du verspürst überall ein wohliges
Kribbeln.

Dein Körper ist völlig entspannt. Völlig entspannt und
locker genießt du noch das Hier und Jetzt. Und alle Geräusche, die du hörst, verstärken nur noch deine Entspannung.

Du sinkst ab und du entspannst dich immer mehr und
mehr. Raum und Zeit sind aufgehoben und du sinkst einfach tiefer, während sich dein Körper immer mehr entspannt.

Und die Energie breitet sich im Beckenbereich aus und
fließt durch die Oberschenkel in die Unterschenkel und
durch die Füße in den Boden hinein, während sie durch
dein Scheitelchakra immer weiter nachfließt.

Somit ist der Kreislauf geschlossen. Raum und Zeit sind
aufgehoben und das Energiefeld ist stabil.

Du bist entspannt, völlig entspannt, und du befindest
dich jetzt an der Treppe mit den sechs Stufen, die nach
unten führen. Du steht auf der obersten Stufe und trittst
hinunter auf die Stufe fünf.

Und mit jedem Schritt, den du nach unten gehst, spürst
du, wie du immer tiefer sinkst, tiefer und tiefer. Und du
trittst noch einen Schritt hinunter auf die vier.

Dein Geist ist wach und klar, während dein Körper schläft.
Er wird gespeist von der weißgoldenen Energie. Alle Prozesse haben sich reduziert. Tritt hinunter auf die Stufe drei
und sinke tiefer und immer tiefer.

Geh weiter hinab auf die Stufe zwei und du spürst, wie
die Energie sich verändert, wie sie klarer wird, wie sie
reiner wird.

Tritt hinunter auf die Stufe eins und sieh vor dir eine Plattform.

Du befindest dich jetzt im zeitlosen Raum und bist ganz tief unten. Dein Körper ist völlig entspannt. Leicht und schwer zugleich.

Du bist von der letzten Stufe hinuntergetreten auf das Plateau. Es ist ein Plateau, das sich in die Ebene hinaus erstreckt. Soweit dein Auge reicht, siehst du nur große, metallene Platten, keine Bäume, keine Sträucher. Geh bitte geradeaus.

Die Atmosphäre um dich herum ist milchig, leicht trüb, so, wie leichter Nebel. Du gehst einfach auf diesen Platten entlang. Dir ist, als ob du schwebst. Immer wieder siehst du dich suchend um, bis du in der Ferne am Horizont drei Gebäude wahrnimmst.

Du kommst immer näher heran und erkennst mit der Zeit, dass es Pyramiden sind. Drei an der Zahl. Die Atmosphäre ist nicht unangenehm, aber sie ist auch nicht sehr einladend und die Pyramiden sind es noch weniger.

Gehe auf die Pyramiden zu und du wirst die Strahlung der Pyramiden erkennen. Ihre Schwingungen und ihre Botschaften. Je näher du an diese Gebäude kommst, desto deutlicher wird dir bewusst, dass du Begleiter hast. Du spürst ihre Energie immer mehr und immer stärker und allmählich nehmen deine Begleiter Konturen an. Du kennst diese Energie und du weißt, es sind deine geistigen Helfer, dein höheres Selbst und dein Schutzengel, die dich begleiten.

Vor den Pyramiden bleibst du stehen und beratschlägst dich mit deinen geistigen Helfern, in welche der Pyramiden sie mit dir jetzt am besten gehen. Sie sagen, du sollst selbst entscheiden, aber bitten dich noch zu warten.

Sieh dir diese Pyramiden an und plötzlich, wie von Zauberhand, erscheinen auf diesen Pyramiden Beschriftungen. Jeweils eine Zeile.

Auf der einen steht die Bezeichnung »Schuld und Vergebung«.

Auf der anderen kannst du das Wort »Freiheit« lesen.

Auf der dritten steht »Einheit«.

Du spürst den dringenden Wunsch die Pyramide der Einheit anzusteuern, doch deine geistigen Helfer entscheiden sich vorerst für die Pyramide mit der Aufschrift »Schuld und Vergebung«.
Sie geleiten dich in das Innere dieser Pyramide. Widerwillig gehst du mit hinein. Kühles Dunkel ist vor deinen Augen und sie müssen sich erst an dieses diffuse Licht gewöhnen. Allmählich wirst du Verschiedenes wahrnehmen und auch, dass irgendwo Feuer brennt. Du siehst, wie die Flammen sich an den Wänden in Licht und Schatten brechen.
Deine geistigen Helfer führen dich genau in die Mitte dieser Pyramide.
Jetzt erkennst du immer deutlicher, dass du in einem großgezogenen Kreis stehst und aus der Begrenzung dieses Kreises die Flammen züngeln. Gleichzeitig weißt du, dass du beschützt bist, dass du in Sicherheit bist und dass dir nichts, überhaupt nichts passieren kann.
Gebannt und fasziniert siehst du dem Flammenspiel zu, wie der Kreis immer dichter brennt, dieser äußere Rand. Deine geistigen Helfer fordern dich auf dich auf den Boden zu setzen und in die Flammen zu sehen.
Konzentriere dich auf die Flammen. Lass dich einfach

tragen von dem Spiel der Flammen und denke an das, was du dir vorgenommen hast.

Du bist hier, um zu erkennen, was Schuld ist und um zu erkennen, wo du deine Schuld bereits ausgeglichen hast. Wie von selbst entstehen aus den Flammen heraus Situationen und Menschen. Nacheinander kommen sie auf dich zu. Menschen, denen du weh getan hast, die du verletzt hast oder auf die du noch wütend bist.

Diese Menschen treten dir entgegen und gleichzeitig erkennst du, dass alle Schuld vergeben ist, dass du bereits gesühnt hast, dass du alle diese Schuld bereits bezahlt hast.

Denn wenn du deine Augen nach links wendest, dann siehst du, durch was du bezahlt hast, oder wie du diese Schuld beglichen hast.

Sieh immer wieder nach links, dort entstehen die Situationen, wie und womit du bereits bezahlt hast.

Lass dir Zeit ... alles, was geschieht, ist gut ...

Bitte deine geistigen Helfer dir zu helfen, damit du möglichst viel erkennst. Bei sehr hartnäckigen Situationen hast du die Möglichkeit, wenn Menschen erscheinen mit ihnen zu sprechen, sie um Verzeihung zu bitten, und sie völlig und ganz loszulassen.

Zusätzlich zu diesen Personen werden dir noch Ereignisse bewusst, deren Bilder du siehst, wo du dich noch schuldig fühlst. Dann sieh auch hier auf die linke Seite und sieh die Bilder, inwieweit dies bereits ausgeglichen ist.

Lass dir Zeit ... Raum und Zeit sind aufgehoben und alles, was geschieht, ist gut ...

Du weißt, es kann dir nichts passieren. Du bist in Freiheit. Du bist in Sicherheit. Du bist beschützt und geliebt und wirst erkennen, dass vieles, sehr vieles nur Illusion ist. Du wirst die Wahrheit hinter diesen Schuldspielen, hinter dieser Manipulation erkennen. Die wahren Motive dieser Schuldgefühle treten ans Tageslicht.

Lass die Situationen passieren, lass die Menschen an dir vorbeiziehen. Sieh genau hin. Du bist Betrachter und du wirst erkennen, dass du dir um vieles, ganz, vieles unnötige Gedanken gemacht hast.

Immer noch brennt dieser Kreis konstant. Immer noch treten Ereignisse, Situationen und Personen zu dir in den Kreis. Sieh weiterhin in die Flammen und sieh nach links und sieh, wie die Schuld beglichen wurde. Vieles, was du jetzt als Schuld ansiehst, ist längst verziehen und vergessen.

Lass dir Zeit ... alles, was geschieht, ist gut ...

Es ist in Ordnung, es ist gut, denn es ist im Fluß des Kosmos. Raum und Zeit sind aufgehoben und die Energie, sie ist stabil.

Deine geistigen Helfer helfen dir auch. Sie ermöglichen dir eine klare Kommunikation auf dieser Ebene. Keine Ausflüchte, nur die Wahrheit zählt.

Nun siehst du, dass die Flammen langsam zurückbrennen, dass sie immer weniger werden, immer kleiner züngeln und dass sie von selbst erlöschen. Deine Trance lässt nach, du wirst ein kleines bisschen wacher und siehst deine geistigen Helfer fragend an. Sie sagen zu dir, komm, steh jetzt auf. Wir verlassen jetzt diesen Ort der Schuld und Vergebung.

Liebevoll stützen sie dich und geleiten dich ins Freie. Sie machen dir den Vorschlag die nächste Pyramide zu besuchen, auf der du vorhin den Schriftzug »Freiheit« erkennen konntest.

Sie führen dich hinein und siehe da, es ist ganz licht. Es ist klar. Es ist strahlend und es ist, als ob die Luft flimmert. Du kannst alles ganz deutlich erkennen. Dir ist, als ob du in einer großen, unendlichen Weite bist. Du reckst dich und genießt es und du spürst, wie aller Ballast von dir abfällt, wie alles Schwere verblasst.
Jetzt erkennst du auch die feine Energie, die durch diese Pyramide und gleichzeitig durch deinen Körper fließt. Es ist Licht. Es ist Freisein. Es sind Glücksgefühle, die in dir ausgelöst werden. Es ist, als ob du deine Schultern gerade stellst und den Kopf nach oben hebst.

Allmählich spürst du, wie dein Körper stark wird, wie er kräftig und vital wird. Du siehst deine geistigen Helfer an, und sie strahlen noch heller als vorher. Du spürst die Freude in dir. Du spürst die Anwesenheit der Situationen, Personen und Ereignisse um dich, die du vorhin in dieser anderen Pyramide gesehen hast. Doch jetzt hast du das Gefühl der Harmonie und der Freiheit in dir und gleichzeitig weißt du auch, wie Freiheit, Frieden und Harmonie von diesen Personen zu dir überstrahlen. Es ist wie ein reinigendes, belebendes Bad.

Lass dir Zeit ... alles, was geschieht, ist gut ...

Schon wieder bedeuten dir deine geistigen Helfer, dass du mit ihnen gemeinsam diese wundervolle Pyramide, die innen so prächtig und kostbar ist, verlassen sollst. Denn sie möchten mit dir noch in die letzte Pyramide gehen, die, in die du eigentlich zuallererst wolltest – die »Einheit«.

Sieh deine geistigen Helfer jetzt recht deutlich an, sieh auch an dir herunter und erkenne, dass du fast genauso strahlend bist, genauso Energie wie sie. Genauso klar, genauso rein, und du fühlst dich mit ihnen eins.

Sie geleiten dich hinaus und gehen mit dir die paar Schritte zu der nächsten Pyramide, auf der »Einheit« steht.

Sie treten mit dir ein. Du kannst es kaum glauben, sofort durchströmt dich ein Gefühl der tiefen Glückseligkeit, denn um dich herum ist Licht. Stille, Ruhe, Frieden und Licht und diese Energie, sie strahlt im Inneren dieser Pyramide. Alles strahlt in silbrighell-türkisem Licht. Ein ganz, ganz intensives helles Strahlen.

Wieder bedeuten dir deine geistigen Führer, dass du in die Mitte dieser Pyramide treten sollst. Automatisch richtest du deine Augen nach oben und siehst, wie du von einem Strahl goldenen Lichtes erfaßt wirst. Du spürst diesen Strahl um dich herum und durch dich hindurch fließen. Du spürst, wie der letzte Rest von Ballast aus deinem Körper hinausgeschwemmt wird und du spürst, wie deine Seele frei wird. Du spürst, wie jung, wie stark und wie kräftig dein Körper ist. Du stehst aufrecht und hebst die Hände, mit den Handflächen nach oben, so als ob du diesen ganzen Segen voll empfängst.

Lass dir Zeit ... alles, was geschieht, ist gut ...

Denn du badest in einem Meer von Frieden, von Gesundheit, von Freiheit, von Harmonie und von Ekstase. Du bist gerührt und bewegt zugleich. Du könntest lachen und weinen zugleich. Du spürst dich so eins mit allem und gleichzeitig ist in dir Ruhe, Frieden, Harmonie und Liebe.

Du weißt, es ist nichts wichtig, außer dem, was jetzt geschieht, in diesen Sekunden, Stunden, Jahren. Raum und Zeit sind aufgehoben. Alles ist wie eine Ewigkeit und die Ewigkeit ist ohne Zeit.

Nimm auf, was du kannst. Lass das Licht durch dich hindurchströmen, dieses kosmische Licht, denn es ist nicht nur die Reinigung deines Körpers, sondern auch deines Geistes und deines Verstandes und deiner einzigartigen Seele. Es ist das Heilen deines Herzens. Es ist das Verblassen der Wunden und Narben.

Nimm das Licht auf und du spürst den Strahl. Du weißt, du stehst nicht allein in dem Strahl. Deine geistigen Helfer haben sich zu dir in die Mitte gesellt, denn auch sie genießen dieses kosmische Licht, auch sie genießen diese Einheit.

Du spürst, es ist etwas, wofür man keine Worte braucht. Es ist einfach da. Du bist eins in dir selbst, mit dir selbst, mit deinen geistigen Helfern, mit Gott, mit der Natur und mit dem Kosmos. Du bist mit allem im Einklang, denn du bist ein Teil des Ganzen und wiederum das Ganze.

Lass dir Zeit ... alles, was geschieht, ist gut ...

Bade in dem Meer aus Licht und Liebe. Sei eins mit allem, was ist. Spüre die höchste Energie allen Seins, wisse um dein ICH-BIN!

Lass dir Zeit ... alles, was geschieht, ist gut ...

Die Zeit ist gekommen, wieder in die deine von dir gewählte Realität zurückzukehren, denn du hast noch das Erdenleben vor dir.

Lass dich von deinen geistigen Helfern hinausbegleiten und gehe mit ihnen den Weg zurück.

Und wieder siehst du die metallenen Platten vor dir, doch die Luft ist freier, ist milder und viel neutraler. Ab und zu hörst du von irgendwoher einen Vogel zwitschern und sanft streicht eine leichte Brise durch deine Haare.

Geh den Weg zurück, bis du bei der Treppe angelangt bist. Danke deinen geistigen Helfern für ihre Begleitung und wundervolle Führung und verabschiede dich von ihnen.

Du fühlst dich frei, voller Frieden und Harmonie und gehst jetzt hoch auf die Stufe eins.

Du fühlst dich frei und glücklich. Du fühlst dich voller Liebe und voller Harmonie und gehst jetzt hoch auf die Stufe zwei.

Du fühlst dich frei und du fühlst dich glücklich. Du fühlst dich voller Liebe und Harmonie, und gehst hoch auf die Stufe drei.

Du fühlst dich frei, du fühlst dich glücklich. Du fühlst dich voller Harmonie und gehst hoch auf die Stufe vier.

Blinzle mit den Augen. Reck dich und streck dich und komm hoch mit dem nächsten Schritt auf die Stufe fünf.

Du bist voll da. Du bist frei. Du bist gesund. Du bist glücklich. Du bist in Frieden und in Harmonie, voll da im Hier und Jetzt bei der Zahl sechs.

Ich spüre das Licht und die Energie

Diese Arbeit dient als Entspannungsgrundlage und ist gleichzeitig ein Trainingsprogramm zur Vertiefung und Festigung einer positiven, kraftvollen Energie, die im täglichen Leben inspirierend und aufbauend wirkt.
(Im Laufe der Jahre berichteten einige Hörer, dass sich diese Arbeit wie ein Aurareinigungsprozess auswirkt. 2006)

Ich spüre das Licht und die Energie, die durch meinen Körper fließt. Ich bin eine Einheit, eine Einheit in Körper, Geist und Seele. Ich bin das Leben, ich bin die Liebe. Ich liebe und werde geliebt. Ich bin Kraft, in bin Stärke. Ich bin Glaube, ich bin Liebe, ich bin Freiheit. Ich bin in Sicherheit, denn ich bin verbunden immer und ewig mit dem göttlichen Licht. Ich bin die Freude, die Freiheit, und ich genieße mein Leben. Ich bin intuitiv und kreativ. Ich bin ein gutes Gewissen. Ich bin in Frieden, ich bin in Harmonie und ich bin im Licht.

Es gibt für mich immer eine geistige Führung, denn ich bin verbunden mit meinen geistigen Helfern und mit meinem Schutzengel. Ich spüre den Kontakt, ich höre ihn, ich sehe ihn und ich empfange ihn.

Ich bin im Licht, ich bin in der Liebe. Ich bin Energie und ich spiele das große Spiel meines Lebens. Ich bin frei und ich bin sicher. Ich bin Glaube. Ich bin Liebe. Ich bin Kraft. Ich bin Stärke. Ich liebe und werde geliebt.

Und ich fühle mich gesund, gesund in Körper, Geist und Seele, rein und im Licht. Ich bin im Glauben, ich bin im

Licht. Ich bin Kraft. Ich bin Stärke. Ich bin Licht. Ich bin Liebe. Ich bin Leben. Ich bin Energie. Ich bin eine Einheit in Körper, Geist und Seele.

Ich bin das Leben. Ich bin die Liebe. Ich bin Kraft. Ich bin Stärke. Ich bin Freiheit. Ich bin Sicherheit. Ich bin die Freude. Ich bin intuitiv und kreativ. Ich bin ein gutes Gewissen. Ich bin in Frieden. Ich bin in Harmonie. Ich bin im Glauben. Ich bin im Licht.

Und ich spüre meine geistige Führung, ich spüre den Kontakt, höre, sehe und empfange ihn. Ich bin frei. Ich bin sicher. Ich bin im Licht. Ich bin Wille. Ich bin Ordnung. Ich bin Glaube. Ich bin Kraft. Ich bin Stärke.

Ich bin frei, frei und unbelastet. Ich bin frei und rein und heil in Körper, Geist und Seele. Und ich danke Gott für die Wunder, die jetzt in meinem Leben geschehen. Ich bin im Glauben, ich bin im Licht und ich danke Gott dafür, weil ich mich voll und ganz akzeptiere, so wie ich bin. Ich bin glücklich, weil mein Leben voller Liebe ist, weil mein Leben voller Freude ist und weil mein Leben voller Schönheit und Überfluss von allem Guten ist.

Ich bin Kraft. Ich bin Stärke. Ich bin Macht. Ich bin Ordnung. Ich bin Wille. Ich bin Verstehen. Ich bin Verzeihen. Ich bin Frieden. Ich bin Harmonie. Ich bin Freiheit. Ich bin das Licht.

Ich bin Leben und ich lebe in der Freude und ich lebe im Frieden und ich lebe in der Freiheit. Diese Schwingung der Freiheit, des Friedens und der Liebe teilt sich den Menschen mit und sie sind gesegnet durch Gott. Ich bin Kraft und Stärke.

Gott führt mich, Gott schützt mich, Gott liebt mich und Gott sorgt für mich und alle Menschen, denn Gott liebt alle Menschen. Gott hat allen Menschen die Freiheit geschenkt.

Ich akzeptiere mich so wie ich bin und ich arbeite an mir. Ich bin Kraft. Ich bin Stärke. Ich bin Macht. Ich bin Licht. Ich bin Liebe und Leben.

Ich bin Licht. Ich bin Liebe. Ich bin Leben. Ich bin eine Einheit. Ich bin eins in Körper, Geist und Seele.

Ich spüre meine geistige Führung, ich höre, spüre und empfange sie. Und ich fühle mich wohl in meiner geistigen Führung, die aus dem Licht und der Liebe kommt, die rein ist, die klar ist und wahr ist.

Ich bin Licht. Ich bin Liebe. Ich bin Energie. Ich bin Leben. Ich bin eins, verbunden mit allem, was ist. Mit allem, was rein ist, mit allem, was schön ist, mit allem, was gut ist. Ich bin Licht, ich bin Liebe und ich liebe mein Leben. Ich bin in Frieden. Ich bin gesund. Ich bin in Harmonie. Ich bin in der Ordnung und in meiner Mitte.

Ich spüre, höre, sehe und empfange den Kontakt mit meinen geistigen Helfern, mit meinem höheren Selbst, meinem Schutzengel und ich danke für die Hilfe, die ich bekomme. Ich danke von ganzem Herzen dafür und ich spüre die Liebe in meinen Herzen. Ich spüre, wie es pulsiert, wie es sich weitet, wie es strömt und wie es fließt. Ich spüre, wie es stark ist, ich spüre, wie es mächtig ist, ich spüre, wie es kräftig ist, und es strahlt wie die Sonne und meine Lebensenergie ist gut, sie ist rein, sie ist stark, sie ist kräftig, sie ist mächtig, denn sie ist voller Liebe und voller Harmonie.

Ich bin im Licht und in der Liebe und ich danke Gott für das Wunder meines Lebens.

Ich bin im Licht und in der Liebe und ich danke Gott dafür, weil ich so wertvoll bin und weil alles, was ich besitze, erhalte und anbiete, auch so wertvoll ist.

Ich danke Gott dafür, weil ich es mir wert bin, immer nur das Höchste und das Beste zu erhalten.

Ich bin im Licht und in der Liebe und ich danke dafür, weil ich mich achte, weil ich mich ehre, weil ich mich schätze und weil ich mich liebe.

Ich bin im Licht und in der Liebe und ich danke dafür, dass ich die Menschen verstehe und dass ich ihnen verzeihe und mir selbst verzeihe. Ich gebe sie frei, denn sie sind in Freiheit, so wie ich auch in Freiheit bin. Ich bin im Licht und in der Liebe und ich danke dafür, weil Gott mich führt und schützt.

Ich bin im Licht und in der Liebe und ich danke Gott für seine Liebe, für seine Güte, für seine Kraft und Stärke, die er mir gibt. Ich bin eine Einheit in Körper, Geist und Seele.

Und ich spüre seine Kraft in mir. Ich spüre seine Stärke in mir. Ich spüre seine Liebe in mir. Ich spüre sein Licht in mir. Ich spüre Energie und Leben in mir. Ich spüre Ordnung in mir. Ich spüre Willen in mir. Ich spüre Entscheidungskraft in mir.

Ich spüre meine Kraft. Ich spüre meine Stärke. Ich spüre meine Liebe zu allem, was ist. Zu mir, zu den Menschen und zu allem. Ich spüre meine Freiheit und meine Sicherheit. Ich spüre, dass Leben in mir ist und ich weiß, dass ich gesund bin, gesund in Körper, Geist und Seele. Und ich spüre mich, mit allen Poren, mit allen Sinnen, ich spüre, dass ich lebe. Ich spüre ein Leben in Freiheit, in Freude und Liebe.

Ich spüre Leben aus dem Geist, und ich spüre, wie das Licht mich durchdringt, wie die Energie mich durchdringt, wie Gott in allem ist, wie Gott in mir ist, so, wie er in allem Sein ist.

Ich spüre jede Faser meines Lebens und meines Seins. Ich spüre meine Kraft, ich spüre meine Stärke und ich spüre meine Sicherheit, denn der Herr ist bei mir. Er lässt mich wandern im grünen Tal und er lässt mich trinken an seiner Quelle, und ich bin verbunden mit der Quelle, der Lebensquelle, der Energie des reines Seins. Die Quelle ist in mir und die Freude ist in mir. Die Liebe ist in mir und die Hoffnung ist in mir. Der Friede ist in mir und die Kraft ist in mir. Die Stärke ist in mir, und die Macht ist in mir. Gott ist in mir. Mein Licht, mein Leben, mein Sinn. Ich bin Licht. Ich bin Leben, und ich danke Gott für die Wunder, die in meinem Leben geschehen. Licht, Leben, Liebe, Frieden, Harmonie, Glaube, Freude, Freiheit und Sicherheit.

Ich bin Kraft. Ich bin Stärke. Ich bin Licht. Ich bin Liebe. Ich bin Leben. Und ich danke Gott dafür, weil mein Leben voller Licht ist, weil mein Leben voller Liebe ist, weil mein Leben voller Schönheit ist, weil mein Leben voller Freude ist und weil mein Leben voller Überfluß von allem Guten ist. Ich bin Kraft. Ich bin Stärke. Ich bin Licht und Liebe.

Freiheit und Frieden

Diese Arbeit dient als Entspannungsgrundlage und ist gleichzeitig ein Trainingsprogramm zur Vertiefung und Festigung einer positiven, kraftvollen Energie, die im täglichen Leben inspirierend und aufbauend wirkt.

Ich spüre das Licht und die Energie, die durch meinen Körper fließt. Ich bin eine Einheit, eine Einheit in Körper, Geist und Seele. Ich bin im Glauben, ich bin im Licht, und ich danke Gott dafür, dass er mich führt und dass er mich schützt.

Ich bin im Licht und ich bin klar und rein im Denken. Klarheit und Wahrheit bestimmen mein Leben. Meine Gedanken sind klar strukturiert, sie sind wahr, sie sind rein, sie sind im Licht und sie sind in der Liebe.

Ich bin das Leben, ich bin die Energie, ich bin die Freude und auch die Harmonie. Ich bin in Frieden mit mir und der Welt. Ich bin in Freiheit, ich bin in Sicherheit, ich bin fest in Gottes Hand. Ich fühle mich in meiner Mitte, ich bin klar, ich bin wahr und ich treffe immer die richtigen Entscheidungen.

Ich bin intuitiv, denn der göttliche Strom fließt durch mich. Ich spüre meine Intuition, ich fühle meine Intuition und ich handle nach meiner Intuition. Ich bin stabil in Körper, Geist und Seele. Ich bin in Frieden in Körper, Geist und Seele.

Mein Körper ist von strahlender Gesundheit, mein Geist ist von reiner Klarheit und meine Seele ist weiß wie das Licht. Mein Körper ist beschützt, mein Geist ist beschützt und meine Seele ist beschützt, und ich bin in meiner Mitte.

Ich bin das Licht, ich bin das Leben, ich bin der Frieden, ich bin die Freude, ich bin die Liebe, ich bin die Harmonie, ich bin die Freiheit und ich lebe mein Leben in Freiheit, in Licht, in Liebe und in Frieden. Und ich danke Gott für alle Wunder, die er in meinen Leben vollbringt.

Ich bin verbunden mit meinem göttlichen Ursprung, mit der Quelle allen Seins, ich bin er und er ist ich. Ich bin Energie, so, wie er Energie ist. Und diese göttliche Energie strömt durch mich, sie strömt durch meinen Geist, meinen Körper und durch meine Seele. Und diese Energie macht mich frei, sie macht mich sicher in der Liebe, im Frieden und in der Harmonie. Und sie schenkt mir Liebe, sie schenkt mir Frieden, sie schenkt mir Harmonie, sie schenkt mir Gesundheit, sie schenkt mir Sicherheit, sie schenkt mir Überfluss von allem Guten – von allem Guten, das ist.

Ich liebe mich und ich werde geliebt. Ich spüre die Energie, die durch meinen Körper fließt, diese göttliche Energie, die mich reinigt, die mich heilt, die mir Freude schenkt, die mir Frieden schenkt, die mir Glück schenkt, die mir Freiheit gibt, die mir Sicherheit gibt, die mir Überfluß von allem Guten gibt, die mich innerlich und äußerlich reich macht. Ich lebe mein Leben im Überfluß. Ich lebe mein Leben in der Freude. Ich lebe mein Leben in der Freiheit. Und ich gebe alle Menschen frei, ich verzeihe den Menschen und ich verzeihe mir, denn wir sind alle Ich, du bist ich und ich bin du. Denn wir sind alle aus dem göttlichen Ursprung, aus der gleichen Energie. Wir sind alle eins, du und ich. Und ich lebe in Liebe, Freude und im Glück.

Ich bin im Licht und ich bin im Vertrauen, denn ich bin verbunden mit der Quelle meines Seins. Ich spüre diese Kraft und ich spüre diese Stärke, wie sie durch meinen

Geist, meinen Körper und meine Seele strömt. Ich spüre sie, freue mich an mir, und ich spüre meine Liebe und Kraft. Meine Kraft zum Leben, meine Kraft, die Dinge zu tun, die ich tun soll, meine Kraft, um meine Aufgaben zu erfüllen, um mein Leben zu leben und den Menschen eine Botschaft zu senden.

Ich spüre meine Kraft, ich spüre meine Macht und ich spüre gleichzeitig meine Liebe und weiß um mein Verstehen. Ich fühle meine Freude, ich fühle meine Mitte und ich fühle meine Gesundheit und ich fühle, wie mein Leben von Tag zu Tag reicher wird, es ist reich, es ist schön, es ist fantastisch, es ist zauberhaft.

Ich spiele mein Spiel und ich trage die Verantwortung, denn meine Last ist leicht und meine Schultern sind frei, denn ich denke in der Wahrheit und ich denke in der Klarheit und ich denke und spreche, fühle und handle in der Liebe.

Mein Leben ist schön, denn mein Leben ist voller Liebe, es ist voller Glück, voller Frieden, voller Reichtum und Überfluss. Mein Leben ist voller Freiheit, voller Glückseligkeit und trotzdem bin ich klar im Handeln, Denken und Reden. Ich bin klar, ich bin wahr und ich treffe immer die richtigen Entscheidungen, denn ich handle auf Grund meiner Intuition, auf Grund meiner göttlichen Ursprungsquelle.

Meine Worte sind klar, meine Worte sind wahr, denn Gott ist es, der durch mich spricht, der durch mich handelt, der durch mich macht. Ich liebe die Menschen, so wie die Menschen mich lieben. Ich liebe mein Leben und ich genieße mein Leben in Freiheit, in Freude und in der Liebe. Und ich spüre, daß ich liebe und geliebt werde.

Ich bin im Glauben, ich bin im Licht und ich danke für die Freiheit, ich danke für die Freude, ich danke für die Sicherheit und ich danke für das Licht und die Energie, die durch mich fließen. Ich danke für den göttlichen Überfluss in meinem Leben. Überfluss in der Liebe, Überfluss in der Freude, Überfluss in allem Guten. Ich fühle mich innerlich und äußerlich reich.

Ich bin von Gott beschützt, denn Gott ist in mir. Er ist meine Freude, er ist meine Liebe, er ist meine Sicherheit, er ist meine Gesundheit und er ist mein Glück. Gott ist Energie, so, wie ich der göttliche Ausdruck von IHM hier auf Erden bin.

Meine Seele ist in der Klarheit, meine Seele ist in der Wahrheit, sie ist im Glauben, sie ist im Licht. Mein Körper ist in der Klarheit, mein Körper ist in der Wahrheit, in der Gesundheit, in Frieden und in seiner Mitte. Mein Geist ist rein, mein Denken ist klar, es ist wahr und ich funktioniere im Licht und in der Liebe. Ich habe ein klares, sauberes, strukturiertes Denken und handle gemäß meiner Intuition.

Ich bin eine Einheit, eine Einheit in Körper, Geist und Seele und ich handle entsprechend meiner Intuition, die von meinem Verstand unterstützt wird. Mein Verstand unterstützt meine Intuition. Ich bin in der Wahrheit. Ich bin in der Klarheit. Ich bin in der Freude. Ich bin in der Sicherheit.

Ich bin im Licht und ich freue mich über jeden Tag, den ich lebe. Ich freue mich über das, was ich habe und über das, was ich erhalte. Ich freue mich über mein Leben im Überfluss. Ich bin innerlich und äußerlich reich, denn ich trinke aus meiner Quelle, aus der göttlichen Quelle allen Seins. Ich bin verbunden mit dem göttlichen Ursprung, denn ich bin sein Ausdruck hier auf Erden.

Ich bin im Frieden. Ich bin in der Freude. Ich bin in der Klarheit. Ich bin in der Wahrheit und ich treffe immer die richtigen Entscheidungen. Es fällt mir leicht Entscheidungen zu treffen, denn ich spüre meine göttliche Macht, meine Energie und Liebe. Ich spüre, dass ich lebe und ich lebe gerne. Ich bin in der Freude. Ich bin im Glauben. Ich bin im Licht und ich bin in Frieden.

Alle Menschen sind in Frieden und ich wünsche allen Menschen Glück, Gesundheit, Reichtum, Wohlstand und Überfluss von allem Guten. Und ich gebe sie frei, so, wie sie mich freigeben, die Gotteskraft in uns gibt uns frei. Wir sind frei, wir sind reich, wir sind sicher, wir sind in Frieden und in Harmonie.

Ich bin im Licht und ich danke Gott für mein Leben, weil mein Leben voller Liebe ist, weil mein Leben voller Freude ist, weil mein Leben voller Sonnenschein ist, weil mein Leben voller Glück ist, weil mein Leben einfach aus meiner Mitte ist. Und ich danke Gott für alle guten Gaben, und ich danke Gott dafür, dass er mich auf seinen grünen Auen weiden läßt und daß er mich führt in das grüne Tal und dass er mich beschützt auf allen meinen Wegen und mich behütet, auf mich aufpasst und für mich sorgt, dass er mich liebt und mir Reichtum und Überfluss von allem Guten gibt.

Ich liebe mein Leben, denn mein Leben ist schön. Es ist schön, und es wird von Tag zu Tag reicher und es wird von Tag zu Tag schöner und es wird von Tag zu Tag besser. Es wird klarer, es wird wahrer und ich lebe mich und ich liebe mich ganz, ganz stark.

Ich liebe die Menschen, und die Menschen lieben mich. Ich liebe die Tiere, und die Tiere lieben mich. Ich liebe die

Pflanzen, und die Pflanzen lieben mich. Ich liebe das Meer, das mir so viel gibt, so unendlich viel an Ruhe, Harmonie und Frieden. Ich liebe die Natur, und die Natur liebt mich. Ich liebe das Licht, und das Licht liebt mich. Ich liebe die Energie, und die Energie liebt mich. Ich liebe die Gesundheit, und die Gesundheit liebt mich. Ich liebe die Freude, und das Glück, und die Freude und das Glück, sie lieben mich. Ich liebe das Leben, und das Leben liebt mich. Ich liebe den Erfolg, und der Erfolg liebt mich. Ich liebe die Freude, und die Freude liebt mich. Ich liebe meine Kraft, und die Kraft liebt mich. Ich liebe meinen Mut, und der Mut liebt mich. Ich liebe mein Leben, und mein Leben liebt mich. Ich liebe die Sicherheit, und die Sicherheit liebt mich. Ich liebe das Spiel, und die Freiheit, und das Spiel und die Freiheit lieben mich. Ich liebe den Überfluss, und der Überfluss liebt mich. Ich liebe das Geld, und das Geld liebt mich, und es streichelt mich, und es kommt gerne zu mir, und es bleibt gerne bei mir, denn es liebt mich und ich liebe es.

Ich liebe das Licht, die Energie, die Kraft und die Macht, den Frieden und die Harmonie. Ich liebe die Gesundheit, und die Gesundheit liebt mich. Ich liebe die Schönheit, und die Schönheit liebt mich. Ich liebe mein Leben, und mein Leben liebt mich, und mein Leben ist schön, es ist klar, es ist wahr, es ist sauber, es ist rein und es ist mein.

Ich liebe mich, ich achte mich, ich ehre mich und ich bin es mir wert, zu lieben und geliebt zu werden. Und ich spüre die Liebe, die Kraft der Liebe, die durch meinen Körper strömt, die durch meine Seele strömt und die durch meinen Geist strömt. Und ich spüre diese Energie der Liebe, diese warme, weiche, wohlige Energie, diese Energie, die das Herz öffnet, die den Menschen strahlen lässt.

Ich spüre sie in meinem Herzen, ich spüre sie in meinem Körper, ich spüre sie in meiner Seele und ich spüre sie in meinem Sein.

Ich bin im Glauben, ich bin im Licht und ich danke Gott für die Liebe, für die Liebe als Bestandteil meines Lebens, meines wunderschönen, herrlichen Lebens auf dieser Erde, meines sinnvollen Lebens, meines Lebens voller Liebe, voller Glück, voller Heiterkeit, voller Frieden und Harmonie. Und ich danke Gott für all die guten Gaben, die ich erhalte. Es geht mir von Tag zu Tag besser, es geht mir besser, es geht mir immer besser und ich strahle immer mehr Wahrheit, immer mehr Klarheit, immer mehr Licht und immer mehr Liebe an meine Mitmenschen aus.

Ich strahle wie das Licht, wie die Energie, die Licht ist. Und ich danke Gott für alle Wunder, die er in meinem Leben vollbringt und vollbracht hat und ich danke für den Schutz, den ich bis jetzt erhalten habe und ich danke für den Schutz, den ich noch erhalten werde und ich danke für die Erfüllung meines Seins.

Ich bin Licht. Ich bin Liebe. Ich bin Leben.

Ich bin eine Einheit – Stärke – Kraft

*Diese Arbeit dient als Entspannungsgrundlage und ist gleich-
zeitig ein Trainingsprogramm zur Vertiefung und Festigung
einer positiven, kraftvollen Energie, die im täglichen Leben
inspirierend und aufbauend wirkt.*

Ich spüre das Licht, das durch meinen Körper fließt. Ich
bin eine Einheit und ich fühle mich als Einheit aus Körper,
Geist und Seele. Ich bin Licht. Ich bin Leben. Ich bin Kraft.
Ich bin Stärke. Ich bin Macht.
Und das kosmische Licht durchflutet alle meine Körper
und ich fühle mich wohl in diesem Licht. Ich fühle mich
sicher in diesem Licht und ich fühle mich in Frieden, in
tiefem, kosmischem Frieden. Ich bin ein Kanal dieses kosmischen Lichtes, dieser machtvollen Energie und ich bin
verbunden mit der Quelle dieses kosmischen Lichtes, denn
die Quelle, der Ursprung und ich, wir sind eins.

Ich bin Kraft, ich bin Stärke, ich bin Leben, ich bin Macht.
Ich liebe das Leben und das Leben liebt mich. Es schenkt
mir die Harmonie, es schenkt mir den Frieden, es schenkt
mir die Sicherheit und es schenkt mir die Freiheit. Ich bin
frei in meinen Gedanken, Worten und Werken und alle
Entscheidungen, die ich treffe, sie sind gut, sie sind richtig,
denn sie erfolgen aus der Harmonie, aus der Freiheit und
aus der Energie des Lichts.

Ich spüre, wie dieses Licht meinen Körper durchflutet, wie
es durch meinen Körper strömt, wie es fließt und ich spüre
die Energie und die Freiheit in meinem Herzen und ich

spüre, dass ich lebe, in Frieden, in Freiheit, in Harmonie und in Sicherheit.

Ich fühle mich reich auf allen Ebenen, auf der körperlichen Ebene, auf der geistigen Ebene und der kosmischen Ebene. Ich fühle mich im Vater, im Geist und im Sohn.

Ich lebe in der Freude, denn ich bin die Freude. Ich lebe in Frieden, denn ich bin der Frieden. Ich lebe in der Sicherheit, denn ich bin die Sicherheit. Ich lebe in der Freiheit, denn ich bin die Freiheit. Ich lebe in der Kraft, denn ich bin die Kraft. Ich lebe in der Liebe, denn ich bin die Liebe und ich werde durchströmt von der Liebe, von der kosmischen Liebe, die Geist, Körper und den ganzen Kosmos umfaßt.

Ich bin Kraft, ich bin Stärke, ich bin Macht. Ich bin Frieden, ich bin Harmonie, ich bin Sicherheit. Ich bin erfolgreich, ich liebe und werde geliebt. Ich schenke meine Liebe und ich lasse sie auf die Menschen überfließen, damit sie ihnen zugute kommt und ich spüre den Strom meines Herzens, aus dem die Liebe fließt und ich spüre, wie es weit wird und ich spüre, wie es weich wird und ich spüre, wie es kraftvoll wird und ich spüre, wie es alle Verletzungen heilt. Ich spüre, wie die Liebe alle Verletzungen, alle Enttäuschungen, allen Kummer, allen Stress, alles heilt.

Das kosmische Licht ist das Licht der Heilung, und dieses Licht durchströmt mich und es bewirkt eine Fülle auf allen Ebenen, und dieses Licht hebt alle Begrenzungen auf. Es macht mich frei und ich bin frei, frei und sicher. Ich bin frei in der Liebe. Ich bin frei in all meinem Handeln, Denken und Tun und ich denke immer das Richtige und ich denke immer das Gute und das Gute wird kommen und das Gute ist jetzt da.

Ich drücke die Schönheit in meinem Leben aus, denn ich bin die Schönheit. Ich bin die Gesundheit, ich bin die Kraft, ich bin die Macht und ich kreiere meine Wirklichkeit und ich bitte um die Unterstützung des kosmischen Lichts, um die Wahrheit, die universelle Wahrheit, den Menschen mitzuteilen.

Ich lebe in der Fülle, denn ich bin die Fülle. Die Fülle ist in mir und das Wissen ist in mir. Die Kraft ist in mir und die Stärke ist in mir. Die Macht ist in mir und die Liebe ist in mir, sie wohnt in meinem Herzen und Gott wohnt in meinem Herzen. Es ist Gott in mir, und es ist die Kraft dieser unendlichen Energie, die mich so stark macht, die mich so mächtig macht, die mich so kräftig macht, um all das mitteilen zu können, was ich mitzuteilen habe, um all das lernen zu können, was ich zu lernen habe.

Es ist die Kraft, die die Wunden heilt. Es ist die Kraft, die die Verletzungen mildert, die sie heilt. Es ist die Kraft, die die Kränkungen auf nichts zusammenschrumpfen lässt. Es ist die Kraft der Liebe, der kosmischen Energie, die Kraft in mir. Es ist Gottes Kraft, jener unendliche Ausdruck an Fülle, jener unendliche Ausdruck an Macht: Gott, die Kraft allen Seins. Ich spüre seine Kraft in mir. Ich spüre seine Liebe in mir. Ich spüre seine Stärke in mir. Ich spüre seinen Glauben in mir, die Kraft allen Seins.

Ich bin stark, ich bin mächtig, ich bin kräftig, ich bin in Sicherheit, ich bin verbunden und eingebunden in diese Kraft, in Gott.

Diese Kraft schützt mich, diese Macht schützt mich, diese Liebe behütet mich, denn es ist die stärkste Kraft im Universum, die mich führt, die mich leitet, die mir Beistand gibt, die mich sicher macht, die mich lieben lehrt. Immer mehr spüre ich die Liebe, die durch das kosmische Licht in meinen Körper, in alle meine Körper fließt, die mich durchströmt, die mich reinigt, die mich heilt, die mir die Kraft zum Leben gibt, diese unendliche Kraft, diese unendliche Macht, die mich über alle Begrenzungen hinwegträgt, sicher, in Frieden, in Harmonie und in Liebe.

Es ist die Kraft des Lebens, es ist die Kraft des Seins, es ist Gottes Kraft und es ist Gott in mir, und ich spüre sein Wirken und er schützt und behütet mich und er wird immer dafür sorgen, dass ich immer auf dem richtigen Weg bleibe.

Es ist die Kraft in mir, es ist die Stärke in mir, es ist die Liebe in mir, es ist die unendliche Fülle in mir, diese Quelle, diese nie versiegende Quelle der Kraft, der Liebe, der Stärke, der Heilung. Diese Quelle des Glaubens, diese Quelle der Hoffnung, diese Quelle des Lebens.

Der Ursprung ist in mir und der Ursprung ist im Licht und das Licht und ich, wir sind eins, denn der Geist und sein Vater sind auch eins. Mein Körper ist ein Aspekt hier und mein Körper ist stark, er ist kräftig, er ist mächtig. Er ist gesund, durch ihn strömt die Liebe. Er ist ein Tempel Gottes.

Ich pflege meinen Körper, ich achte ihn, ich schätze und ehre ihn und ich pflege meinen Geist mit reinen, klaren Gedanken, denn Gott ist die Klarheit und die Wahrheit. Die Quelle allen Wissens ist in mir und durch das kosmische Licht ist die Quelle in mir aktiviert. Diese Quelle, die unendlichen Reichtum auf allen Ebenen für mich darstellt.

Meine Entscheidungen sind immer richtig, denn meine Entscheidungen werden immer getroffen im Licht der Liebe, der Wahrheit und der Klarheit. Sie werden diktiert und beherrscht von Mitgefühl, von Verständnis, von Loyalität, von guten und reinen Gedanken.

Gott in mir ist die unendliche Kraft. Und die Quelle des Lichts ist in mir, und das kosmische Licht strahlt in mir und um mich herum und alles wiederum ist eins. Ich spüre meine Kraft, denn sie ist Gottes Kraft, ich spüre meine Stärke, denn sie ist Gottes Stärke. Ich spüre meine Liebe, denn sie ist Gottes Liebe zu allen Menschen, zu allen Tieren, zu allem, was ist.

Ich danke für die unendliche Fülle, die Geben und Nehmen im Ausgleich hält. Ich danke für den unendlichen Reichtum auf allen Ebenen, der mir zuteil wird, der in mir ist, der außer mir ist, der im Fluß ist.

Für den unendlichen Reichtum danke ich auf der körperlichen Ebene, auf der geistigen Ebene, auf der kosmischen Ebene. Und ich danke für den unendlichen Reichtum und die unendliche Fülle an Liebe, die durch mich und in mich strömt.

Ich spüre diese Energie, ich spüre das kosmische Licht und ich bin sicher in diesem kosmischen Licht. Ich bin frei und ungebunden und ich fühle mich eins mit meiner Quelle und ich fühle mich eins mit allem was ist.

Ich bin eine Einheit in Körper, Geist und Seele. Ich bin der unendliche Ausdruck von Gottes Kraft, von Gottes Stärke, von Gottes Macht und es gibt nichts, was sich dem entgegenstellen könnte. Denn es gibt nur ein Gesetz und das ist das Gesetz der Liebe. Es ist das Gesetz der kosmischen Energie, der heilenden Kraft, der heilenden Macht. Gottes Kraft wird durch mich, durch diesen Körper zum Ausdruck gebracht, durch meine Gedanken, durch meine Worte, durch meine Taten und Werke.

Diese Kraft hält meine Gedanken rein, hält meine Worte rein und hält meine Werke rein. Diese unendliche Macht ist die unendliche Fülle. Ich fühle mich als Teil des Ganzen und wiederum bin ich trotz allem ein Ganzes. Ich spüre diese Kraft in mir, ich spüre diese Macht in mir. Ich spüre die Liebe in mir, sie wohnt in meinem Herzen und ich spüre, wie es weich wird und wie es weit wird, wie es durchströmt wird von Liebe, Kraft, Reichtum und Glück. Ich spüre, wie es fließt und wie es pulsiert und ich spüre die heilende Wirkung in meinem Körper. Ich spüre, wie es warm ist, wie es weich ist und ich spüre, wie es kräftig schlägt.

Ich empfinde den Frieden in mir und ich genieße die Freiheit in mir, die Harmonie, und ich spüre die unendliche Liebe in mir. Ich spüre die kosmische Liebe in mir und ich spüre, wie diese kosmische Liebe meinen Körper durchflutet, wie sie ihn heilt, wie sie ihn harmonisiert, wie sie für ihn sorgt.

Ich spüre, wie mein Körper warm wird, wie mein Körper ruhig wird, wie alle Emotionen sich glätten, wie alle Ladungen verschwinden. Ich spüre, dass die Heilung begonnen hat.

Ich fühle mich eins mit der unendlichen Quelle. Ich fühle mich kräftig, voller Liebe und voller Harmonie. Ich fühle mich ausgeglichen. Ich fühle mich geheilt, ich bin geheilt in Körper, Geist und Seele.

Ich spüre meine Seele und ich spüre, wie sie friedlich ist und ich sehe, wie gut es ihr geht und wie harmonisch sie ist. Und ich spüre die Freude in mir und ich spüre die Liebe in mir. Ich weiß um den Glauben in mir und ich weiß, daß ich Klarheit und Wahrheit bin. Ich spüre, wie alle meine Körper rein sind. Ich spüre den Gleichklang mit dem Herzschlag des Universums in mir.

Ich spüre das Leben in mir. Ich spüre die Liebe in mir. Ich spüre die Kraft Gottes in mir. Ich spüre die Heilung in mir. Ich fühle die Fülle in mir und ich fühle eine tiefe Verbundenheit, eine ganz tiefe Zufriedenheit in mir und ich spüre die Sehnsucht in mir. Ich spüre mein Herz in Frieden, ich spüre mein Herz in der Liebe und ich danke für die erfolgte Heilung in Körper, Geist und Seele.

Ich spüre meine Macht, denn sie ist Gottes Macht, ich spüre meine Kraft, denn sie ist Gottes Kraft. Ich spüre meine Sicherheit, denn sie ist Gottes Sicherheit. Ich spüre meine Freiheit, denn sie ist Gottes Freiheit. Ich weiß, ich bin frei und sicher in der Kraft und in der Liebe.

Sinn und Zweck von Meditation

In jüngster Zeit ist Meditation das Zauberwort für Entspannung, Frieden, Ruhe und Gelassenheit geworden. Wir haben erkannt, dass manche östlichen Methoden in unsere westliche hoch technisierte Welt harmonisch integriert werden können. Wir erleben, wie Meditation nicht nur den Geist und die Psyche beruhigt, sondern auch bei Krankheit den Heilungsprozess beschleunigen kann.

Das ist ein folgerichtiger Vorgang. Stress, Erschöpfung und Druck werden abgebaut, der Mensch findet mehr zu sich selbst, zu seinem inneren Kern, in seine eigene Mitte und aktiviert dadurch seine eigenen Heilkräfte.

Meditation ist vielfältig einsetzbar, selbst wenn keine oder nur wenig Zeit zur freien Verfügung bleibt. Für besonders stressgeplagte Zeitgenossen oder für zwischendurch empfehle ich persönlich den Gebrauch von Engelkarten, am besten mit Text, sowie die Karten »Universelles Ahnenorakel« oder auch kurze Gebete. Weitere Möglichkeiten ergeben sich, wenn Sie eine Kerze anzünden. Richten Sie den Blick auf die Flamme bis Sie ruhig sind. Wenn nichts für eine kurze Meditation vorhanden ist, dann können Sie immer noch einen x-beliebigen Gegenstand wählen, den Sie schauend festhalten. Damit können Sie kurzfristig in tiefe Entspannung und als geübter Meditierender in tiefere Trance gelangen.

Eigentlich fängt Meditation an dem Punkt der Bereitschaft an, bewusst in die Ruhe zu gehen. Im Gegensatz zu den überlieferten Meditationstechniken, in denen sich das Individuum bemüht, geistig in die Stille zu gehen und alle

Gedanken loszulassen, bietet die geführte Meditation den Vorteil, dass man sich um nichts bemühen muss, es reicht, es geschehen, es fließen zu lassen.

Erwarten Sie keine schnellen Wunder – außer dem unverhofften Glücksgefühl –, wenn Sie mit dem Meditieren über diese Methode beginnen, so ist dies ein langsamer, doch mit der Zeit gefestigter Aufbau eines gezielten Abschaltens. Im Laufe der Zeit wird es gelingen, sofort innerhalb von 3 Sekunden hinunterzuschalten. Mit diesem Können sind Sie dann fähig, gleichgültig, welche Methode der Meditation Sie bevorzugen, es auch zu tun.

Erfahrungen – Anmerkungen

Bewusst meditiere ich seit ca. 30 Jahren und habe während dieser Zeit mit vielen Menschen und auch Methoden gearbeitet. Ich könnte nicht sagen, diese oder eine andere Methode sei besser oder das Nonplusultra, mit dem man den direkten Weg zu Glück, Seelenfrieden und Erfolg erreichen würde. Es ist hier wie mit allem, das Zusammenspiel aller Kräfte wird zum Ganzen. Werden Stress und Druck abgebaut, verschwindet das Dunkel. Automatisch fällt mehr Licht ins Leben. Durch Licht wird der Mensch fröhlicher, umgänglicher, was automatisch mehr Liebenswürdigkeit hervorbringt, die folgerichtig zu mehr Liebe, Verstehen, Konsequenz und Toleranz führt. Und diese »Sonnenschein-Kinder«-Eigenschaften rufen dann auch beruflichen und finanziellen Erfolg hervor.

Doch lassen Sie sich durch schöne Worte und eine folgerichtig, logisch erscheinende Reaktionskette nicht täuschen; nichts im Leben verläuft geradlinig. Die Sterne stehen schlecht, das Karma schlägt zu oder man hat gerade eine Dummheit begangen und man befindet sich, trotz Meditation und einem sauber geführten Leben, im Chaos. Ich meine dann, dass dies unsere Lerngeschenke sind, die zu unseren Lebensaufgaben gehören und der Weiterentwicklung unserer Seele dienen. Gelassenheit und in die Ruhe gehen, abwarten, aussitzen oder manchmal auch gezielt handeln, wären die richtigen Gegenmaßnahmen. Aber oft ist dann der Stress, Druck und die Ungewissheit beim Menschen zu groß, um angemessen zu handeln. In solchen Fällen würde Meditation helfen, um die Dinge mit emotionslosen Aktivitäten zu klären.

Einige meiner Leser berichteten mir, gerade dann, im stressgeplagten Zustand, fiele es ihnen extrem schwer in Meditation zu gehen. Es mache sie nervös und die Gedanken würden noch mehr rasen. Ich kann das nachvollziehen und verstehe es auch, deshalb schreibe ich einige meiner Lieblingsgebete auf, die meinen Geist und meine Seele beruhigen, wenn ich gestresst, unruhig bin oder denke: Ich schaff das alles nicht, haltet mal die Welt an, bis ich hinterhergekommen bin.

(Anstatt »Herr der Himmel« können Sie Ihren eigenen Gottesbegriff einsetzen. Für mich spiegelt dieser Ausdruck den Schöpfer aller Schöpfungen und somit das Allerhöchste, Reinste und das Licht.)

Gebete

Herr der Himmel,
steh mir bei und mach mich frei,
meine Seele,
meinen Körper und meinen Geist.

Du kennst meine Ängste,
meine Verzweiflung,
meine Unsicherheit
und die Kleinheit meines irdischen Seins.

Dein Bewusstsein
mein Bewusstsein – erhoben zu Dir
wird erst im Laufe von Äonen
zu einem Sein.

Herr der Himmel, steh mir bei
und mach mich als Erdenbürger frei.

Mein kleines Herz,
vollbeladen mit Schmerz,
lege ich vertrauensvoll in Deine Hände.

Die Hoffnung auf Gelingen
schenkt mir Kraft und Mut
und der Glaube an Dich lässt werden alles gut.

Herr der Himmel,
tröste mich in meinem Schmerz,
damit ich schreite tapfer voran
und letztendlich feststelle,
dass alle Wege zu Dir hinführen.

Umwege sind Umwege, sind unnötig, sind überflüssig,
genau wie jeglicher Tand.
Direkt, nur direkt, tadellos und korrekt,
so führt mich der Weg zu Dir.

Spielchen, die ich spiele,
nutzlos – egozentriert – überflüssig,
entfernen mich,
verführen mich
und lassen mich verlieren,
denn Spielchen führen nirgendwo hin,
sind nutzlos und überflüssig.

Herr der Himmel,
weise mir direkte Wege,
saubere Wege,
Wege der Freude und des Lichts,
damit auch ich
leuchte in Deinem Licht ewiglich.

Mutter Erde, ernähre mich,
schenke mir Deine reiche Frucht.
Ich bedanke mich für die Gaben der Fülle
und schenke dir meine Liebe und Aufmerksamkeit
– mehr habe ich nicht –.

Jede Speiche in meinem Rad
stellt ein Leben dar, immer wieder ein neues,
und jedes Mal komm ich wieder

wie ein unbeschriebenes Blatt,
ohne die geringste Ahnung
meiner vergangenen Leben
und ohne Ahnung, was es hier zu lernen gibt.

Ich muss mich wieder neu beschreiben,
warum nur, warum?
Oft frage ich mich und Dich
nach meinen Aufgaben, meinem Sinn hier,
frage mich angstvoll, ob ich alles richtig mache,
ob ich meine/Deine Wege auch richtig errate,
frage, frage . . .

Du könntest mir die Antworten geben
auf all mein Ungewisses,
denn du kennst den Sinn
meines derzeitigen Lebens.

Gib sie mir,
ich fordere es von Dir,
denn Du bist das Licht in mir!

Heute fehlt mir der Ausdruck des leichten Seins,
ich bin betrübt, nervös und unruhig,
werde ich belogen oder nur mit Ausreden betrogen?
Herr der Himmel, sag es mir,
offenbare mir Dein Wissen
und schenke mir Deine Weisheit,
damit ich gerecht bleibe.

Gerecht zu sein,
gelassen zu bleiben,

ach, ich stöhne so schwer,
ja, für Dich ist das alles sehr einfach,
denn Du hast die Weitsicht, den Zeitenüberblick
der mir als beschränkt
auf der Materie Lebender leider fehlt.

Selbst als Geist würde mir das nicht nutzen,
denn mein zeitliches Fenster wäre
vielleicht nur ein Zoll größer.

Und so lebe ich, mühe mich ab,
überlege, recherchiere und denke
und, ehrlich gesagt, weiß ich oft nicht weiter.
Herr der Himmel, steh mir bei
und mach mich frei!

Ausklang

Meditation: das innere Erleben, die andere Welt, genauso
real wie die äußere Realität. Manchmal werden Sie schon
entdeckt haben, daß dieses Erleben Ihre höchsten und
schönsten Glücksempfindungen ausgelöst hat und dass
Sie vieles davon in den Alltag integrieren konnten und
dauerhaft tun.

Für einige Meditationsteilnehmer war zum Beispiel die
Vereinigung mit ihrem höheren Selbst oder die Kommunikation mit Ihrem Engel ein solcher Zauberschlüssel, der
jeden neuen Morgen von nun an strahlen lässt.

Auch Ihnen wünsche ich all die Freude, Gesundheit, Liebe und Kraft, die Sie brauchen, um glücklich und harmonisch zu leben.

Corona Verlag Hamburg
Meditationen auf CD

Diese geführten meditativen Traumreisen entfalten ihre heilenden Energien bei öfteren Hören

A: **Partnerschaft – Berufung**
ISBN 978-3-928084-48-2
CD 201, Spieldauer 60 Min.

1. Titel: **Ich bin Licht und Energie**
2. Titel: **Der Baum – Dein Freund**
ISBN 978-3-928084-49-9
CD 202, Spieldauer ges. 60 Min.

1. Titel: **Spiegel des Bewusstsein**
2. Titel: **Weg der Wahrheit**
ISBN 978-3-928084-50-5
CD 203, Spieldauer ges. 60 Min.

1. Titel: **Kristallpyramide**
2. Titel: **Dimensionsreise**
ISBN 978-3-928084-51-2
CD 204, Spieldauer ges. 58 Min.

1. Titel: **Lichtreise**
2. Titel: **Rückführung – Problembewältigung**
ISBN 978-3-928084-52-9
CD 205, Spieldauer ges. 66 Min.

1. Titel: **Die Kraft des Vulkans**
2. Titel: **Phönix aus der Asche**
ISBN 978-3-928084-53-6
CD 206, Spieldauer ges. 60 Min.

1. Titel: **Schutzengel**
2. Titel: **Freiheit und Frieden**
ISBN 978-3-928084-54-3
CD 207, Spieldauer ges. 60 Min.

1. Titel: **Engel der Heilung**
2. Titel: **Ich bin Einheit – Stärke – Kraft**
ISBN 978-3-928084-55-0
CD 208, Spieldauer ges. 70 Min.

1. T: **Reichtum – Erfolg – Liebe**
2. T: **Legende des Regenbogens**
ISBN 978-3-928084-56-9
CD 209, Spieldauer ges. 57 Min.

1. Titel: **Reise in den Ursprung**
2. Titel: **Zirkuszelt der Freude**
ISBN 978-3-928084-57-7
CD 210, Spieldauer ges. 57 Min.

1. Titel: **Schuld und Vergebung**
ISBN 978-3-934438-06-7
CD 211, Spieldauer 51:56 Min.

Bücher für die Persönlichkeitsentwicklung aus dem Corona Verlag

Halina Kamm
Nicht ohne meine Seele
Roman um die Seele
276 Seiten, gebunden
ISBN 13: 978-3-934438-08-0

Lena–Marie könnte glücklich sein, denn sie ist erfolgreich und spirituell. Doch sie lehnt sich gegen dieses Wissen auf, leugnet und verweigert ihre Fähigkeiten. Sie strebt ein »gewöhnliches« Leben an, will Emotionen, Liebe und Highlights erleben. Sie trifft Sebastian, ihre große Liebe ... aus alten Zeiten ... Sie werden nicht nur Zusammenhänge über Inkarnationsabläufe, Dualpartner und persönliche Lebensaufgaben lernen, sondern auch ihren Seelenpartner als solchen erkennen! Lena-Marie verkörpert auch einen Teil Ihrer Seele, der den Weg nach Hause kennt.

Halina Kamm
Schluss mit Karma
160 Seiten, kartoniert
ISBN 13: 978-3-934438-11-8

Zu schön um wahr zu sein!
Jedoch ist es wahr, dass wir Menschen heute sehr wohl in der Lage sind Karma nicht länger erleiden, erdulden oder ausleben müssen, sondern es bewusst lösen können. Es werde Licht! – Eine praktische Anleitung, um Karma zu beenden.

Vadim Tschenze
Alte russische Karma- und Reinkarnationslehre
286 Seiten, kartoniert
ISBN 13: 978-3-934438-18-7

Vadim Tschenze, einer der führenden Experten, offenbart Ihnen die Geheimnisse und erklärt Fragen wie: Was ist ein Karma und wie arbeitet es? Warum wissen wir nichts über unsere letzten Leben? Anhand von vielen Personenbeispielen zeigt er auf, wie Karma wirkt und was geändert werden kann. Zudem erfahren Sie durch Ihre persönliche Ausrechnung, wann, wo, in welchen Ländern Sie schon gelebt haben! Ob Sie Mann oder Frau waren? Welche Charakterzüge prägen dieses Leben und was sind heute Ihre Lebensziele?

Vadim Tschenze
Nützliche Tipps
Das kostbare Wissen unserer Urahnen
288 Seiten, kartoniert
ISBN 13: 978-3-934438-29-3

Ein Nachschlagewerk gegen Alltagsprobleme, zur Verbesserung der Gesundheit und des Wohlbefindens. Es ist ein Buch für jedermann. Leicht erlernbare und leicht nachzumachende Rezepte von A bis Z. Nicht nur die Tipps sind es, auch aktuelle Fragen werden erklärt und praktische Anwendungen erläutert.

Bücher und Karten für die Persönlichkeitsentwicklung aus dem Corona Verlag

Dieter Scherer
Das Sternenopfer
260 Seiten, gebunden
ISBN 13: 978-3-934438-13-2

In einem einfühlsam gestalteten Roman präsentiert Dieter Scherer, diplomierter Kommunikationstrainer vieler Spitzenmanager seine Anleitung für privaten und beruflichen Erfolg. Er macht uns mit Angela bekannt, die nach ihrer Scheidung in einen Strudel aus Familienstreit, Beziehungsproblemen und Mobbing gerät. Zutiefst verletzt denkt sie schon an Selbstmord, als ein unerwarteter Retter in ihr Leben tritt: Elianis der Sternenweise.

Stefanie Glaschke
Fahrschule zum Erfolg
148 Seiten, kartoniert
ISBN 13: 978-3-934438-14-9

Versuchen Sie auch, tausend Dinge gleichzeitig zu tun und jeden zufrieden zu stellen: ihren Chef, ihre Kinder, ihre Umwelt? Meist bedarf es nur kleiner Schritte und einer neuen Strategie, um zu entdecken, dass tatsächlich noch Zeit zum Leben übrig bleibt. Stefanie Glaschke weiß, wovon sie spricht, denn sie gleichzeitig Mutter von 5 Kindern, erfolgreiche Persönlichkeitstrainerin und Autorin. Ihr Trainingsprogramm verhilft auch dem Leser zu einem wohlorganisierten, erfüllten und stressfreien Leben.

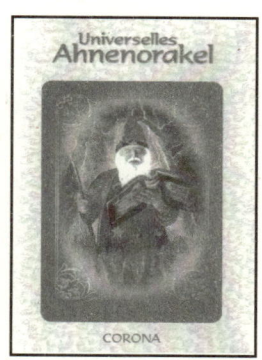

Universelles Ahnenorakel
Karten der Kraft

Maler und Autor: Vadim Tschenze

Kartendeck mit Kurzanleitung
64 farbige Karten, Goldrand
Kartengröße: 9 x 13 cm
ISBN 13: 978-3-934438-32-3

Das Orakel des Universums teilt sich in vier Bereiche auf. Die Karten der Sonne beziehen sich auf die Innenwelt des Menschens. Die Sterne spiegeln die Spiritualität wieder. Der Mond steht mit seinen Kräften für das Leben als gesamtes. Und wie kann es anders sein, das Herz steht für Entscheidungen.

Dieses Orakel der Kraft, stellt eine Unterstützung aus dem universellen Bereich sowie dem Wissen unserer Ahnen dar, und kann sich zu einem wundervollen täglichen Wegbegleiter entwickeln.

Erhältlich im Buch- und Fachhandel

Fordern Sie bitte unser Gesamtverzeichnis an!

Corona Verlag • Postfach 76 02 65 • 22052 Hamburg
Tel.: 040/642 210 22
Fax: 040/642 210 23
Email: Corona-Hamburg@t-online.de
www.coronaverlag.de